世界哲學家叢書

# 張載

黃秀璣——著
傅偉勳、韋政通——主編

東大圖書公司

# 《世界哲學家叢書》總序

本叢書的出版計畫原先出於三民書局董事長劉振強先生多年來的構想，曾先向政通提出，並希望我們兩人共同負責主編工作。一九八四年二月底，偉勳應邀訪問香港中文大學哲學系，三月中旬順道來臺，即與政通拜訪劉先生，在三民書局二樓辦公室商談有關叢書出版的初步計畫。我們十分贊同劉先生的構想，認為此套叢書（預計百冊以上）如能順利完成，當是學術文化出版事業的一大創舉與突破，也就當場答應劉先生的誠懇邀請，共同擔任叢書主編。兩人私下也為叢書的計畫討論多次，擬定了「撰稿細則」，以求各書可循的統一規格，尤其在內容上特別要求各書必須包括⑴原哲學思想家的生平；⑵時代背景與社會環境；⑶思想傳承與改造；⑷思想特徵及其獨創性；⑸歷史地位；⑹對後世的影響（包括歷代對他的評價），以及⑺思想的現代意義。

作為叢書主編，我們都了解到，以目前極有限的財源、人力與時間，要去完成多達三、四百冊的大規模而齊全的叢書，根本是不可能的事。光就人力一點來說，少數教授學者由於個人的某些困難（如筆債太多之類），不克參加；因此我們曾對較有餘力的簽約作者，暗示過繼續邀請他們多撰一兩本書的可能性。遺憾的是，此刻在政治上整個中國仍然處於「一分為二」的艱苦狀態，加上馬列教條的種種限制，我們不可能邀請大陸學者參與撰寫工作。不過到目前為止，我們已經獲得八十位以上海內外的學者精英全力支持，包括臺灣、香港、新加坡、澳洲、美國、西德與加拿大七個地區；難得的是，更包括了日本與大韓民國好多位名流學者加入叢書作者的陣容，增加不少叢書的國際光彩。韓國的國際退溪學會也在定期月刊《退溪學界消息》鄭重推薦叢書兩次，我們藉此機會表示謝意。

原則上，本叢書應該包括古今中外所有著名的哲學思想家，但是除了財源問題之外也有人才不足的實際困難。就西方哲學來說，一大半作者的專長與興趣都集中在現代哲學部門，反映著我們在近代哲學的專門人才不太充足。再就東方哲學而言，印度哲學部門很難找到適當的專家與作者；至於貫穿整個亞洲思想文化的佛教部門，在中、韓兩國的佛教思想家方面雖有十位左右的作者參加，日本佛教與印度佛教方面卻仍近乎空白。人才與作者最多的是在儒家思想家這個部門，包括中、韓、日三國的儒學發展在內，最能令人滿意。總之，我們尋找叢書作者所遭遇到的這些困難，對於我們有一學術研究的重要啟示（或不如說是警號）：我們在印度思想、日本佛教以及西方哲學方面至今仍無高度的研究成果，我們必須早日設法彌補這些方面的人才缺失，以便提高我們的學術水平。相比之下，鄰邦日本一百多年來已造就了東西方哲學幾乎每一部門的專家學者，足資借鏡，有待我們迎頭趕上。

以儒、道、佛三家為主的中國哲學，可以說是傳統中國思想與文化的本有根基，有待我們經過一番批判的繼承與創造的發展，重新提高它在世界哲學應有的地位。為了解決此一時代課題，我們實有必要重新比較中國哲學與（包括西方與日、韓、印等東方國家在內的）外國哲學的優劣長短，從中設法開闢一條合乎未來中國所需求的哲學理路。我們衷心盼望，本叢書將有助於讀者對此時代課題的深切關注與反思，且有助於中外哲學之間更進一步的交流與會通。

最後，我們應該強調，中國目前雖仍處於「一分為二」的政治局面，但是海峽兩岸的每一知識分子都應具有「文化中國」的共識共認，為了祖國傳統思想與文化的繼往開來承擔一份責任，這也是我們主編《世界哲學家叢書》的一大旨趣。

傅偉勳　韋政通

一九八六年五月四日

# 自　序

一九八四年五月，應編輯先生傅偉勳教授之約，為「世界哲學叢書」撰寫專論。筆者選擇張載作研究的專題，因在一九六八年和一九七一年，曾經先後為兩個學術會議，撰寫兩篇關於張載的氣說與倫理學說的論文。這兩篇論文是用英文寫的，並在《東西哲學》英文季刊登載（見參考書目，186 頁）。在這兩篇論文中，因篇幅所限，只能把張載思想這兩方面，提綱挈領地簡述。但張載的思想體系所關涉的一些具有持久性的哲學問題，既深又廣，值得筆者利用此機會把論文內容擴充，並作較詳細的解釋及分析。因此，這部書是從去年，一九八六年二月初開始寫的。

這部書把張載的哲學思想分為三要部，即宇宙論、倫理學、及知識論，分別在第二、三、四章討論。為使張載替自己辯明，在本書討論時，筆者從張載自己的著作和他門人的記錄中，選出那些適合的材料，並在不必要處，避免重複徵引。

任何哲學思想的產生，都有其歷史及時代背景。本書在討論張載所重視的那些哲學概念時，都注意到它們在中國與外國哲學史上的意義及發展。

在這「叢書」的總序，兩位編輯先生聲明，它是「應該包括古今中外所有著名的哲學思想家」，並「有必要重新比較中國哲學與外國的優劣長短」的廣大計劃。筆者在美國高等教育大學任教三十五年，除了中國哲學史和宋新儒學之外，主要課程是西方哲學，在講課中每逢適合機會，常引中西哲學作為比較。同樣地，這部書也採用比較方式，把中西思想的同異及長短提出。因而，若在促進中西哲學思想交流，稍盡了拋磚引玉的義務，則如願以償。

在這部書中所提的西方思想家，他們的著作幾乎都翻譯為英文。為了方便起見，除了極少數無英文翻譯之外，在註文均列舉英文版本，特此聲明。

黃秀璣

序於美國費城琳屋園

一九八七年二月

編按：本書於二〇〇七年再次修訂後重新出版。

# 張　　載

## 目次

# 第一章　歷史背景

## 一、張載的生平和著作

(1)

張載，字子厚，生於宋朝真宗天禧四年（1020年），死於宋神宗熙寧十年（1077年）。他的祖先世居大梁（今河南開封）。他的父親張迪曾任職涪州（今四川涪陵），在涪州任上病故。張載和弟張戩（字天祺，1030–1076）在父親死的時候年紀尚幼，跟著母親遷居鳳翔縣橫渠鎮（今陝西郿縣）。張載在晚年時隱居橫渠，所以學者稱他為橫渠先生。還有，張載和他的大多數弟子是陝西關中人，後來他的學派被稱為「關學」。

關於張載的生平事跡，資料不詳，據呂大臨（字與叔，1042–1092）所寫的〈橫渠先生行狀〉（以下簡稱〈行狀〉），張載小時在涪州，「始就外傅，志氣不群，知虔奉父母，守不可奪，涪州器之。小孤自立，無所不學❶。」由此可見，他是一位品學兼優的少年。

張載的少年時代，北宋朝廷正在內憂外患中。在康定開始時（1040年），西北邊境常常被強國西夏所侵犯，北宋政府派遣范仲淹（字希文，989–1052）主持西北地區軍事任務。張載少時喜談兵事，在二十一歲那年，即西元1041年（在〈行狀〉篇中所記錄的「年十八」，與康定元年有出入；在《宋史．張載傳》——以下簡稱〈宋史〉——篇中所記錄的「年二十一」為準確❷。）他曾上書給

❶　《張載集．附錄．行狀》（北京：中華書局，1978），頁381。

范仲淹討論邊防軍事問題，建議武裝取回西夏所佔領的洮地區。范仲淹一見，重視張載具有可成大器的才能，警導他說：「儒者自有名教可樂，何事於兵！」並勸他讀《中庸》❸。

張載讀了《中庸》，雖然喜歡它，可是不感滿足。於是，他用了幾年工夫在佛學和道家的書籍加以研究，但對於佛道兩種學說，都無大心得，又回到儒家經典，研讀六經。嘉祐（1056–1063 年）初，張載在開封講述《易經》，很有成就。他不僅吸引了一批熱情的聽眾，並且在這期間的重要轉機，就是有了他的親屬表侄二程兄弟，程顥（字明道，1032–1085）和程頤（字伊川，1033–1107）共同討論《易經》。張載比程顥大十二歲，比程頤大十三歲，但在與這兩位侄親謀面之後，〈宋史〉篇中有一段話說：「比見二程深明易道，吾所弗及，汝輩可師之❹。」表叔侄三人繼續探討道學之要，〈宋史〉和〈行狀〉都記說，張載渙然自信說：「吾道自足，何事旁求，於是盡棄異學，淳如也❺。」這表明表叔侄彼此之間的親密關係，並在道學上的共同興趣。這次的重要會面大概是在 1056 年，張載已三十六歲了。在嘉祐二年（1057 年），張載考上進士最高學位。

張載於舉進士後，先被任為祁州（今河北安國）的司法參軍，經又遷往雲嚴（今陝西宜川）縣令。〈宋史〉記載他的為政方針說：「政事以敦本善俗為先，每月吉，具酒食召鄉人高年會縣庭，親為勸酬，使人知養老事親之義，因問民痛苦，及告所以訓戒子弟之意❻。」以後又往任著作佐郎簽書渭州（今甘肅平涼）軍事判官公

---

❷ 《張載集．附錄．行狀，宋史》，頁 381, 385。

❸ 同上註。

❹ 《張載集．附錄．宋史》，頁 386。

❺ 《張載集．附錄．行狀，宋史》，頁 382, 386。

事。在渭州期間，深得渭帥蔡挺（字子正，1014–1074）所尊重，凡有關軍政大小事，都與張載商討請教。他也勸服了渭帥取出軍儲數十萬作為賑濟因邊防而受難的災民。可見張載在這段約十二年期間，在政務上是根據他的道德標準，和直接的教育方法，對於當時當地的社會問題和需要，認真地在民間推行。

熙寧二年（1069 年），御史中函呂公著（字晦叔，1018–1089）推薦張載，按〈行狀〉所記：「張載學有本原，四方之學者皆宗之，可以召對訪問❼。」張載回答皇上所問治世之道，說：「為政不法三代者，終苟道也❽。」神宗聽見甚為喜悅，記說：「卿宜日見二府議事，朕且將大用卿。」但張載又回答說：「臣自外官赴召，未測朝廷新政所安，願徐觀旬日，繼有所獻❾。」神宗准許並授予張載崇文院校書。當時在朝廷推行新政人王安石（字介甫，1021–1086）詢問張載對於新政的意見如何，張載坦白地回答說：「朝廷將大有為，天下之士願與下風。若與人為善，則孰敢不盡！如教玉人追琢，則人亦故有不能❿。」這表明張載和王安石兩人之間的語意不合。執政的王安石便借用處理明州（今浙江慶元）的獄案，把張載調出朝廷。第二年，西元 1071 年，張載於處理獄案完成之後返朝廷。但那時候因為張載的弟弟張戩對於新政表示反對，屢次上書批評，得罪了王安石，張載更加感到不安，乃辭去朝廷職務，回到他的故鄉橫渠。這結束了張載在朝廷的短期任務。

---

❻ 《張載集．附錄．宋史》，頁 386。

❼ 《張載集．附錄．行狀》，頁 382。

❽ 《張載集．附錄．宋史》，頁 386。

❾ 《張載集．附錄．行狀》，頁 382。

❿ 同上註。

在隱居於橫渠期間，張載在治學上是最有成就的一段。他為學的精神，在〈行狀〉形容說：「終日危坐一室，左右簡編，俯而讀，仰而思，有得則識之，或中夜起坐，取燭以書，其志道精思，未始須臾息，亦未嘗須臾忘也⓫。」在這段晚年期間，他不僅對於六經加深研讀，並且把自己一生的哲學思想，系統地寫成大量的著作，他的傑作《正蒙》就是在這期間收集完成。對於這本名著，〈行狀〉作者說：「熙寧九年秋（1076年）先生感異夢，忽以書屬門人，乃集所立言，謂之《正蒙》，出示門人曰：『此書予歷年致思之所得，其言殆於前聖合與！大要發端示人而已，其觸類廣之，則吾將有待於學者。正如老木之株，枝別固多，所少者潤澤華葉爾⓬。』」無疑的，張載所撰寫的《正蒙》這部書，是他一生思想的精華，對於哲學的多方面學說，具有深刻的闡釋，將在下面加以詳細討論。

除了在教學和著作有顯然的成就之外，他一生也志在恢復三代之治。因而，在這段隱居期間，張載曾經憑著「學貴有用」的精神，對於當時的社會經濟問題，作出實際的改良，擬與門人共買田一方，在鄉間實施小型井田制度，推行先王的遺法，可惜他在這方面的志願終未成就⓭。

熙寧九年（1076年）由呂大防（字微仲，1027–1097）推薦張載召返朝廷舊職，授知太常禮院，張載認為這是效勞朝廷的良好機會，而樂意地接受說：「吾是行也，不敢以疾辭，庶幾有遇焉⓮。」但在朝廷禮院任職時，發現郊廟之禮不夠嚴格，張載極力加以糾正，

---

⓫ 《張載集．附錄．行狀》，頁383。

⓬ 同上書，頁384。

⓭ 《張載集．附錄．行狀》，頁384。

⓮ 同上註。

因未得附助而感不悅。熙寧十年（1077 年）冬天，張載身體患病，乃辭去官職，回故鄉陝西，路過洛陽曾與兩表侄二程兄弟重逢。但走到臨潼病重，據〈宋史〉所記：「中道疾甚，沐浴更衣而寢，旦而卒⓯。」這是熙寧十年十一月二十八日。終年五十七歲。

張載死的時候，只有一甥兒在側，手中無款。第二天，在長安的門人聽見噩訊，趕往臨潼安排喪事，又卜以三月而葬，用古治喪禮，以終張載之志⓰。

〈行狀〉把張載的一生總結記說：「知道之難行，欲與門人成其初志，不幸告終，不卒其願⓱。」

(2)

中國的第一部哲學選集，是朱熹（字元晦，1130–1200）和呂祖謙（字伯恭，1137–1181）在十二世紀末，約西元 1175 年，所共編輯的《近思錄》。在這部書中的〈引用書目〉，除了從周敦頤（字茂叔，1017–1073），程顥和程頤的著作中挑出若干選語之外，從張載的著作共列十二種：《橫渠文集》、《正蒙》、《語錄》、《易說》、《孟子說》、《論語說》、《詩說》、《禮記說》、《記說》、《禮樂說》、《樂說》、〈行狀〉⓲。《易說》、《正蒙》，和《文集》是張載自己所寫的，其餘的都是他的門人把他歷年講學的記錄集成的。在《近思錄》書中未曾提及《經學理窟》這部記錄。這裡的一個疑問是：究竟是朱

⓯ 《張載集．附錄．宋史》，頁 386。

⓰ 《張載集．附錄．行狀》，頁 385。

⓱ 同上註。

⓲ 陳榮捷曾把《近思錄》的選語統計，見其著《朱學論集．朱子之近思錄》（臺灣：學生書局，1982），頁 132–136。

熹和呂祖謙在編輯期間未曾看到《理窟》，或者是他們知道這部記錄的存在，卻因內容不一定是張載的見解而不選取。張岱年對於這本記錄的問題解釋說：「今存的《理窟》，……其中有些是程頤的《語錄》，而從大部分的題材語氣來看，又確像張載的語。疑宋代《理窟》有兩個本子，一題金華先生，一題橫渠先生。金華先生可能是編者。這本書當是張載、程頤語錄的類編，後人因其中張載的語較多，所以算作張載的書了。書中只是門人的記錄，不是張氏手著的，不完全可信[19]。」

《易說》大概是張載早年所寫的，可能在 1056–1057 年他在開封講學的期間。在〈宋史〉篇中記說：「嘗坐虎皮講《易》京師，聽從者甚眾。一夕，二程至，與論《易》……[20]」。這意思是，他在那時候已經開始這部著作了。《正蒙》這部最重要的著作是張載在晚年，約 1070–1076 年期間所寫的。這部書的名稱是他在《易說》書中對於「蒙」卦的解釋取來的。他自註說：「蒙以養正，聖功也[21]。」

張載著作的通行本是《張子全書》。但這部書是何人何時所編的，以往少有人過問。最近才由張岱年把這些問題加以研究解答。他認為《張子全書》可以斷定是明萬曆年期間（1573–1619 年）由沈自彰（約 1600 年）所編纂的。這部書包括《正蒙》、〈西銘〉、《周

[19] 《張載集》，頁 15。關於張載的著作，張岱年的詳細解釋，見頁 14–18；最近也有另一篇較詳細的討論，見 Ira Kasoff, *The Thought of Chang Tsai* (Cambridge University Press, 1984), “Appendix A, Works by Chang Tsai,” pp. 178–181.

[20] 《張載集．附錄．宋史》，頁 386。

[21] 《張載集．易說．上經》，頁 85。

禮》、《禮樂》、《義禮》、《易說》、《語錄抄》、《文集抄》、《性理拾遺》。

《張載集》 這部最新編的書是在 1978 年由北京中華書局出版的。這是至今為止最完整的一部書，編輯者參考了一些重要資料，如《周易繫辭精義》、《宋文鑑》、宋本《張子語錄》等，是《張子全書》的編輯所沒有注意到的。《張載集》的內容包括：《正蒙》（〈西銘〉列在第十七〈乾稱〉篇中），《橫渠易說》、《經學理窟》、《張子語錄》、《文集佚存》、《拾遺》、《附錄》（包括〈呂大臨橫渠先生行狀〉，和《宋史．張載傳》）。這部書有關張載的哲學思想資料是根據這部新編。

《正蒙》是張載最重要並難懂的著作。明清時代曾有幾種的註解。但最著名的是王夫之（字船山，1619–1692）的《張子正蒙注》。在 1975 年曾由北京中華書局編輯部，據 1865 金陵刊刻的《船山遺書》為底本所校勘出版的[22]。

## 二、張載生活的時代

每位哲學家思想的產生與他所處的時代背景是有密切的關係。張載的五十七年是生活在北宋四位皇帝（真宗，998–1022；仁宗，1023–1063；英宗，1064–1067；神宗，1068–1085）統治之下。在這段期間，宋朝廷承繼宋太祖趙匡胤 (960–976)，建立北宋王朝的政策，即採取軍事、財政，和人事政權集中在中央朝廷的制度。當時的社會經濟一般情況，諸如農業、商業、和手工業都有顯然的發展。宋太祖的軍事技能，結束了五代十國時期的紛爭割據，並統一了以

[22] 王夫之，《張子正蒙注》（北京：中華書局，1975），頁 10。

漢族為中心的政權，定都在東京（今河南開封）。但北方和西方的遼（契丹族）和西夏的政權，不僅未能收回，並且多年來擺脫不了這些強敵侵略的外患局面。經過了對於邊疆少數民族頻繁戰爭，宋朝初期在太宗趙匡義 (976–997) 領導之下，仍然採取作戰的策略，企圖收回北方的燕雲十六州的失地㉓。但由於軍事戰敗，宋朝對外改取和平妥協措施，從此國勢日衰，處在朝不保夕的危機情況中。

宋朝雖在抵禦外敵屢次遭受慘敗，然而在國內的文藝多方面卻有顯著的發展，在中國文化史上確是一個復興的時期。自從宋初期在太祖和太宗兩位皇帝統治之下，為了鞏固中央集權，他們都積極提倡儒學，實行科舉取士政策，藉以吸引大批知識份子參加政務。在十一世紀被任用在朝掌權的文人數目與日俱增。仁宗趙禎（1023–1063）十三歲做皇帝，自幼學習儒學經書，在位四十年間，在朝廷執政的絕大多數是考中進士的儒生㉔。

與張載同時代有接觸過被任用的儒生，可引范仲淹和王安石為代表人物。范仲淹二十歲考中進士，為仁宗所重視任用當參知政事。他曾建議在各州縣開設學校講授儒學經書，著重科舉取士為任相的標準。他大張載三十一歲，曾經以長輩身份勸告後者放棄從軍，而抉擇儒生為業。范仲淹的所謂「新政」建議曾受仁宗採用。

王安石二十二歲考中進士後，即任淮南判官。他著名的「新法」是以儒學為基礎，提供加強抵抗北方敵人國防以及促進民眾生活的福利兩大方案。就是說，據王安石的看法，對外要加緊國防軍事措施；對內急需改革經濟的畸形情況，即貧富不均，大地主的特權和老百姓的貧困互相對立，朝廷防外治內的繁重責任落在農民身上等。

---

㉓　《宋史．地理志．序》。

㉔　《續資治通鑑》（北京：中華書局，1979），頁 11, 16。

他曾任宰相兩次，他的新政策曾為神宗在位時所擁護，付諸推行。但因為在朝保守派的反對，他的「新法」於神宗死後告終了[25]。總之，范仲淹與王安石代表當時兩大運動，各在朝廷任相崗位上，以中國固有儒家的傳統精神，力圖在教育、政治以及經濟上加以改革。

張載的思想是反映當時的政治和社會的情況。少年時對於邊患表現了他的愛國熱情。青年和壯年時代對於當時文化思潮的不滿和社會的問題，他曾下過苦功思考，企圖找出解答方案，並在幾個地方任縣政職務，擬把三代之治推行。五十歲被委任朝廷官職，但他與在朝執政的王安石在施政方法上不合，因他主張以「與人為善」，後者以「如教玉人追琢」的不同政策，他在朝的那段時間，並非如意。以後因其弟張戩公開反對王安石的「新法」，無疑的，張載是站在張戩的立場，因而辭去朝廷任務，返回故鄉隱居。關於張氏兩兄弟的密切關係，在《宋元學案》有一段話說：

> 張戩字天祺，横渠先生季弟也……關中學者，稱為「二張」。横渠嘗語人曰：「吾弟德性之美，有所不如……在孔門之列，宜與子夏相後先。」及與之論道，曰：「吾弟全器也。然語道而合，乃自今始，有弟如此，道其無憂乎。」[26]

由此可見，張氏兄弟對於王安石「新法」的主張是一致的。既然弟弟和王安石在水火不相容的鬥爭中，因而張載毅然辭掉官職，表示不可能和王氏合作。顯然的，張載這次離開朝廷，是因時勢所迫而

---

[25] 同上書，頁 23。

[26] 黃宗羲，《宋元學案》（國學基本叢書）（北京：商務印書館，1934–1936），卷 18，〈横渠學案下〉，頁 106–107。

不得不退隱。在他隱居故鄉橫渠期間，雖然在學術上有卓越的成就，可是他因未能繼續在朝廷服役而發生一種留戀不捨的情緒，在他的〈老大〉詩中明白地表示說：

六年無限詩書樂，
一種難忘是本朝。㉗

這首詩〈老大〉大概是在 1077 年末再次被召入朝廷任太常禮院之前所寫的。但是這末次入朝和禮官意見不合，加之身體得病，只好又辭去官職回鄉。這最後一次在朝時間比在 1070 年更加短暫。總言之，張載在政治活動上，雖則衷心具有熱情和高尚的道德原則，然而終是不得志失敗了。

## 三、新儒學的興起

張載是北宋 (960–1126) 新儒學的創始人之一。他和周敦頤（1017–1073，今湖南寧遠），邵雍（字堯夫，1011–1077，今河北涿縣），他的表侄二程兄弟程顥（1032–1085，今河南洛陽），與程頤（1033–1107），稱為北宋「五子」㉘。以後這新儒學是由南宋（1127–1279 年）兩位思想家陸九淵（字象山，1139–1193，今江西臨川）和朱熹（1130–1200，今福建尤溪），加以發揮與完成。

這新哲學學派是在中國再次經過了國勢衰弱，遭受外敵侵犯的時期所產生的。在東西歷史上，許多大哲人與名著是在政治社會動

㉗ 《張載集 · 文集佚存》，頁 368。
㉘ 朱熹，《伊洛淵源錄》。

盪中出現的，舉一兩熟識的例子：古希臘的蘇格拉底 (Socrates, 470–399 B.C.) 和其高徒柏拉圖 (Plato, 427–347 B.C.)，雖然處在雅典政治腐敗環境之下，這兩位大哲人畢生全心全意致力於道德和知識的改造。德人黑格爾 (Georg Wilhelm Friedrich Hegel, 1770–1831) 不受耶拿（Jena，德國城市）的戰爭所影響而阻擋他撰寫幾部的哲學傑作。同樣的，宋朝這一群出色的哲人，雖處身在抵禦邊疆仇敵的艱困時期中，埋頭伏案，試圖創作他們的思想以應危機，並非偶然的。他們各人從不同的角度不遺餘力地，創設了新儒學這個新興學派，自從十一世紀開始成為最有影響的知識力量，一直到十九世紀中葉西方思想傳入為止。

新儒學在中國歷史是在一種和以往完全不同的局面而興起的。這個富有創造性的知識力量是把當前還流行著的哲學和宗教諸學派加以綜合的。因而號稱為一重要的中國復興時代。這個新儒學學派的所以產生可以總結為四大因素。

第一、上面曾經提過，宋朝在政治上是中國歷史上一個衰弱的時期，受了北方敵人侵擾的憂患。因而，一種普遍的情緒油然而生，即對任何外來的東西抱著反感的態度（好像五四運動時代的抗日情緒一樣），並開始了解對於建立國家獨立的必要。據當時所流行著的多方面傾向，新儒學家所提倡的「回到中國固有傳統文化」的呼聲，得到了一般知識份子，尤其熱情愛國者所樂意接受和支持。

第二、宋新儒學是由於反對佛學的虛無形而上學的思想而產生的。佛學在中國流行了約一千餘年，即從第一世紀開始由印度傳入。當時反對佛學的原因，不僅它是從外國傳進中國的學說，更加引起攻擊的情緒就是佛家對於自然界和人間世的看法，被認為在根本上是錯誤的。雖則在社會政治混亂時期中，佛教教義提供一些心靈上的需要是儒學所未注意到的。但是當時一般知識份子對於佛教在人生和社會上的消極態度，開始發生嚴重疑問。新儒學家站在反對佛教所主張的超越生死學說的立場，一致強調了正確的人生觀，必須建樹在入世的基礎上，而非逃避現世；正視現實，而非忽視之；改良今生，而非擔憂來世；追求現實社會人人間的協調關係，而非為上西天（三十二層）或下地獄（十八層）的觀念所欺騙。先聖孔子（丘，字仲尼，551–479 B.C.）所宣揚以人類社會為基礎的福音，再次成為一種鼓舞人心的目標了。

第三、道教的影響對於當時新儒學的發展也是值得重視的因素之一。先秦道學這個學派在周代 (1111–249 B.C.) 哲學繁榮的時期，雖則在《老子》(原稱《道德經》) 經中提倡「無為」以及忽視教育，一直到漢朝 (206 B.C.–220 A.D.) 終止，是一個主要的哲學學派。自從第二世紀開始，道學經過了基本上的改變而成為一宗教運動。在第三、第四世紀期間，新道學是當時的領導宗教學派。隨後，佛教和道教特別受了一班文盲的群眾所歡迎。這兩種教派對於各所主張的不同觀點，保持互相賞識和容忍的策略，佛教信徒力求超越生死，道士卻尋找長生不死。雖則當時的道教信徒大多數是屬於無知識的平民階級，可是有些道學學者因對目前困境發生厭倦而與社會隔離，這些隱士乃全心全意致力在知識探討上，對於宋新儒學有所裨益，尤其在宇宙論上更有影響。據《宋史》所記[29]，北宋新儒學家周敦頤的〈太極圖〉是間接由宋初出名的道家陳搏（906–989，今河南鹿邑）傳授得來的[30]。但是，道教好像佛教一樣已逐漸衰落，雖則

---

[29] 《宋史．儒林五》(臺北：鼎文書局，1978)，頁 4。

[30] 關於道教對於宋新儒學的影響，參見：陳鐘凡，《兩宋思想述評》(上海：商務印書館，1933)，頁 9–10；Siu-chi Huang, *Lu Hsiang-shan* (New

道教徒和新儒學家們對於反抗佛教為外來的產品，是站在同一戰線的。

第四因素是古典儒學的再生。宋新儒學並非突然出現的，其產生是在唐朝（618–906 年），在那段期間的兩位先驅者是文人韓愈（字退之，768–824）和他的弟子李翺（字習之，772–841）。這兩位唐代師生同站在反對佛教以及推崇古典儒學思想的路線，對於宋明新儒學的思想有大的貢獻和影響。

韓愈是唐代的「文人之雄」。他的重要哲學論文為〈原道〉、〈原性〉、〈原人〉、〈諫迎佛骨表〉。在他的著作中，從消極方面說，他對於佛教加以排斥；從積極方面說，他對於先秦儒學經典，尤其《孟子》和《大學》，加以推崇。在〈諫迎佛骨表〉文中，他反對佛教的重點是因為它的教義破壞了君臣、父子、夫婦等人倫的關係，以及所產生的社會經濟問題。他曾上書憲宗皇帝 (806–820) 把當時所崇拜的一塊所謂佛骨，建議說：「投諸水火，永絕根本，斷天下之疑，絕後代之惑[31]。」他堅決地要把當時所流行的迷信於佛教的風氣破除，動怒了憲宗，因而遭到貶斥的大打擊。在他被貶斥曾寫一首詩說：

一封朝奏九重天，
夕貶潮陽路八千。
欲為聖朝除弊事，
豈將衰朽惜殘年。[32]

---

Haven: American Oriental Society, 1944), p. 11.

[31] 〈諫迎佛骨表〉。

[32] 《昌黎先生詩集注》（臺灣學生書局，1967 版），頁 508。

這表明韓愈對於排斥佛教的勇敢精神是始終如一的。

韓愈在〈原道〉中，積極地提倡以先秦儒學的「仁」、「義」、「道」、「德」等為倫理的中心思想。他說：

> 博愛之謂仁。行而宜之之謂義。由是而之焉之謂道，足乎己無待於外之謂德。仁與義為定名；道與德為虛位。㉝

他在這論文中特引《大學》章句所強調的個人道德修養為治國平天下的基礎，他又說：

> 「古之欲明明德於天下者，先治其國，欲治其國者，先齊其家，欲齊其家者，先脩其身，欲脩其身者，先正其心，欲正其心者，先誠其意。」然則古之所謂正心而誠意者，將以有為也。今也欲治其心而外天下國家，滅其天常。子焉而不父其父，臣焉而不君其君。㉞

這段話指明，他認為儒學和佛教對於「治心」這個觀念的意思和結果，是有兩不相容的差異，因為前者強調個人道德和社會道德是息息相關的，而後者卻把人倫這個重要課題置之不問。

在他的〈原性〉中，韓愈對於早期儒家所主張的人性論學說，即孟子（軻，約 372–279 B.C.）的性善論和荀子（卿，約 298–238 B.C.）的性惡論，加以引伸闡述。韓愈說：

---

㉝ 《昌黎先生集》（四部叢刊本），卷 11，頁 1。

㉞ 《昌黎先生集》，卷 11，頁 3。

> 性也者，與生俱生也。情也者，接於物而生也，性之品有三，而其所以為性者五。情之品有三，而其所以為情者七……性之品有上中下三：上焉者善焉而已矣；中焉者可導而上下也；下焉者惡焉而已矣。[35]

他的所謂七情就是喜怒哀懼愛惡欲。韓愈的人性論是把《論語》書中所記的「性相近，習相遠。惟上智與下愚不移」[36]的人性觀以及孟子的性善論和荀子的性惡論，融合了。韓愈的人性論與西漢 (206 B.C.–8 A.D.) 董仲舒（約 179–104 B.C.）所提的性三品說，即「聖人之性」，「中民之性」，「斗筲之性」[37]相近，並是張載的倫理學說中所謂「氣質之性」的由來。

李翱和他的師友韓愈同樣地不僅反抗佛教，更加重要的，他也從正面方面以先秦儒學所著重的個人和社會倫理為中心思想。李翱的重要哲學著作是《復性書》。這部書分為三篇：第一篇討論性、情和聖人；第二篇討論如何修養成為聖人；第三篇討論修養的必要性。關於性情的區別，李翱說：

> 人之所以為聖人者，性也。人之所以惑其性者，情也。喜怒哀懼愛惡欲七者，皆情之所為也。情既昏，性斯匿矣。非性之過也，七者循環而交來，故性不能充也……沙不渾，流斯清矣。煙不鬱，光斯明矣。情不作，性斯充矣……情之動弗息，則不能復其性而燭天地為不極之明。[38]

---

[35] 同上書，卷 11，頁 3–5。

[36] 《論語．陽貨》，17 · 2。

[37] 《春秋繁露》，卷 10，頁 19, 20。

這段話說明，據李翱的看法，性是天生的，因而是善；情是性的動之表露，而為惡的根源。因而，他認為復性，即由惡變為善，的途徑是回到先秦儒學所闡揚的道德原則。他說：

> 是故誠者，聖人性之也。寂然不動，廣大清明，照乎天地，感而遂通天下之故；行止語默，無不處於極也。復其性者，賢人循之而不已者也。不已則能歸其源矣。[39]

這段話的涵意和《中庸》書中的所謂「誠則明矣，明則誠矣」[40]正相脗合。李翱的復性論學說是以《中庸》為根據的。

對於排斥佛教的運動，韓愈李翱這兩位師生並非領導者，因為過去和當時反佛的學人為數不少。這兩位唐代思想家，除了批評佛教的錯誤外，正面地在他們的著作中，把傳統儒學的人生觀和世界觀重新發揚，試圖挽救當前思想和道德的危機。在這種雙層的任務，韓愈和李翱是宋明新儒學的倡導者。

總之，新儒學家們自稱為傳統儒學的繼承者，可是他們在許多哲學概念是從佛學借來的。這就是梁啟超 (1873–1929) 把新儒學恰當地形容為「內佛外儒」[41]的意思。

---

[38] 《李文公集．復性書．上》(四部叢刊本)，卷 2，頁 5–6。

[39] 《李文公集．復性書．上》，卷 2，頁 6。

[40] 《中庸》，章 21。

[41] 梁啟超，《清代學術概論》(上海：上海商務印書館，1921)，頁 14。

## 四、先秦儒學與新儒學的相同和不同

宋明新儒學家曾被批評對於佛教以及先秦儒學這兩學派都是不公正[42]。因為在一方面，新儒學家雖則在佛學形而上學理論嚴厲地攻擊，可是他們的思想卻有了佛學思想意識的風味。在另一方面，新儒學家自稱為孔孟的忠誠承繼者，但是他們的哲學內容與傳統儒學學說卻大不相同，並把許多概念曲解了。實際地說，沒有任何概念是完全創新的，因為一種概念的所以產生，都脫不了受當時思想傾向所限制和影響。同樣的，沒有任何概念是與以往的完全相同，或者為過去已提過的概念的副產品，因為一種同樣的概念是在不同的情況下所產生的，必然有所變易。為此，新儒學學派免不了直接或間接受了他們所排斥的佛學思想的影響。並且因為這個新的學派，與早期儒學相比，是在一種大不相同的時代所產生的，那麼，這兩個時期的儒學思想既有相同，也有不同。

新儒學家都自認為是先秦儒學的思想繼承者，因為在幾點基本的哲學假定表示贊同。儒學與新儒學的相同可以簡略地提出五點如下：

第一，宇宙界與處在其間的人間世是實在的。就是說天、地、人為現象世界的重要成分，即《易經．大傳》中的所謂「天地人為三才」。無疑的，早期儒家和新儒家都認為宇宙與萬物是當然的實體。但是佛教所主張的觀點，即宇宙與人生是幻夢的，卻完全相反。新儒學家乃鄭重地再次強調宇宙和人生這兩方面的實在性。

第二，在宇宙世界與人世間滲透了一種道德律。先秦儒家和宋

[42] 同上書，頁 14–15。

明新儒家所一致關懷的，是自然界和人類界，而非超自然界。但是他們都確信，有所謂超自然的力量存在。這個超自然的力量是良善，並且是人類行為的準則。這超自然力曾有了不同的名稱：天、理、道、太極、太和等。

第三，這兩時代的儒家們都確信，人賦有大的可能性和潛勢力。雖則先秦儒家們在人性善惡問題上所主張的意見不相同，即孟子的性善論學說和荀子的性惡論學說之差異，然而他們對於人通過了教育的途徑，能夠達到道德至善，都毫無疑問。教育或道德至善是先秦儒家和宋明儒家們所一致強調的主要學說之一。

第四，人生在世的雙層義務是追求與宇宙相符合，以及與他的同類取得和諧的關係。雖然一切萬物在現象世界是時常在變化之中，由於陰陽兩端不斷地交互作用，可是宇宙是一個秩然有序的大整體，每一個人處在大宇宙之間，並是人類社會的一份子，他的應盡本分是試圖符合自然的秩序和人倫的道德原則。

第五，知識和道德這兩重要課題是有了密切，不能分開的關係。中國思想的一主要特點，就是知識本身並非有內在的價值。新儒學家受了佛學的挑激和影響，在形而上學的興趣比先秦儒者較為強烈。但是，兩時代的儒學思想家都認為形而上學的目的，非為形而上學本身，而是與他們共同所重視的倫理道德學說息息相關的。

雖則新儒學思想家接受了傳統儒學的基本哲學原則，可是他們各人在闡述一些概念和觀點，卻是早期儒家所未想像到的。這兩時代的儒學的不相同處可以從宇宙論和倫理論這兩方面略述。

第一，新儒學者在宇宙觀和形而上學的問題特別重視。雖則他們與先秦儒學家同樣地對於形而上學的興趣，非為著形而上學本身，然而處在這一個新的時期中，他們不能不注重形而上學了。原因是很明顯的，這一批新儒學思想家都認為，除非建立一種有說服力的宇宙論理論，要把在中國已經根深蒂固的佛學形而上學消除，可以說是不可能的。實際上，宋新儒學是被迫正視了一個重大的問題，這個問題是早期儒家所沒有的，即是如何證明日常所看見的宇宙界是實在的，而非佛教所主張為幻夢的。因而，新儒學家從事於一種雙層的任務，一方面，對於佛家的虛無哲學觀加以攻擊，另一方面，試圖建立一種正確的積極宇宙理論。在這種情況下，他們所強調的一些概念，是早期儒家所未注意的，卻是新儒學思想的核心。

⑴**理**：宋新儒學也稱為理學。理學家主張在整個宇宙，有了一種普遍的原則——或「理」——滲入其間，並是每一個別物的基礎。這可以證明宇宙是實體的，因為沒有理，便沒有任何物的存在。理這個概念是宇宙的內在規律，使肉眼所看見的現象世界事物為真實的。具體地說，有了理附屬於一條船，那麼，它只在水上走，而不在陸地上走。相似的，這所謂理附屬於人，使他和其他動物有區別。理是形而上的、無形的、肉眼所看不見的，但是，理是可以想像得到的，並且使每一個別物特殊化的。因此，在宇宙間沒有兩樣物是相像的，即每一個別物有其一定的性格和獨特的個性。雖在萬物中有了多樣的差別，然而沒有任何單獨個別物能夠孤立，因為理這普遍性的概念把一切萬物和合為一大整體。簡言之，每一件事物有其個別的理，整個宇宙有一普遍的理。

⑵**氣**：與理這個概念同樣地被重視的，是氣這個概念，因為它被認為是原始的實體，可以作為解釋自然界的一切過程。佛家否定有和無這兩個概念，道家把一切歸於無。但是，新儒學家接受有和無，並認為氣是宇宙的基本元素，使得萬物的真實性可以理解。佛家主張一切自然現象不斷地在改變中，如四季的一去一來，僅僅是

一種毫無目標的循環。新儒學家卻強調，宇宙不僅僅是實在的，並且不斷地更新，因為氣是物質世界的基本要素，永遠地在變化的過程中，任何事物變化了之後，新的事物即產生。各種變化是跟著陰陽這兩種力量的一定模型。陰陽這遠在先秦思想中的兩概念，是兩不相同的原則，代表兩種完全相異的方面，如男女、剛柔、善惡、生死、晝夜、來去等。但這兩不相同的原則是互相補充的，任何一方面不能單獨存在，即不能不受了對方的影響。簡言之，氣的變化是陰陽兩端不斷地在活動中的結果。

氣雖非新儒學家首次提起的概念，然而在他們的哲學理論，尤其張載的宇宙觀和倫理觀，把氣這個概念為證明宇宙的實在性和倫理道德的重要性，加以辯論。

第二，倫理道德是先秦儒學以及宋明新儒學的哲學基礎。但是，在多方面有關道德和精神價值的問題，新儒學家作了詳細的闡述，而早期思想家只略為提過而已。這些問題和新學說可以簡略地提出三項目。

⑴**人性：**人的天性是中國儒學所熟悉的問題之一。孔子不常談人性，雖則他曾經說一句不明確的話：「性相近也，習相遠也㊸。」孟子強調人性是善的，但他的對立荀子卻主張人性是惡的。這裡所值得注意的，就是新儒學家都假定孟子的性善論為當然如是。理由很簡單：人性是天所賦有的，天是良善，人性亦必然是善的。但是，新儒學家所關注的，非在人的本性是善或惡，而是在人性與惡的問題之關係。雖然他們無疑地吸取了孟子所主張的人性為善的學說，可是他們認為孟子的理論是不夠完備，因為他未曾提及人的氣質之性和行惡問題的關係。明顯的，新儒學家繼承人的本性為善的觀點，

㊸ 《論語・陽貨》，17・2。

然而他們進一步認清了罪惡問題的存在，以及探索如何解答這個重要倫理問題的必要性。因而，在張載、程頤、朱熹的著作中，各對於這個問題，即人性為善和罪惡問題的關係，都作了詳細的思考和解析。簡言之，他們都主張人性為善的觀點，但卻認為氣質之性這個形而上的概念是罪惡的主要根源。

⑵**心**：心這個概念是新儒學思想最重要的題目，這個問題也是先秦儒家——尤其孟子——所常談的。在《孟子》書中，他把這個概念下一個簡明的定義說「心之官則思」[44]，他們都贊同孟子所提的存心、盡心，以及追求喪失的本心之重要，可是他們又進一步把心這個概念與惡的問題之關係作較為系統化的探討。並且，因為對佛學所主張關於心的理論有了不同的反映，新儒學家即分為兩派。第一學派的代表是張載、程頤和朱熹。他們主張，心有兩種，即張載的所謂「大心」和「成心」，朱熹的所謂「道心」和「人心」，前者完全良善，後者因受了氣質之性所染污而不穩定。因而，人的義務是把他的心變化，以保持道心。第二派的代表是陸九淵和明代（1368–1644 年）王陽明（守仁，1472–1529）。陸王強調，在整個宇宙界存在的唯一實體是心，心這個概念和程朱的所謂理這個概念並無區別。雖然這兩學派在心這個問題上的觀點不同，可是對於強調一普遍的心（不論是稱為道心，天地之心，聖人之心等）之存在，是一致的。他們都認為這超乎自然界的心，是永恆、良善、無限的，並且是個別人心所能夠追求共相契合的。

⑶**誠和敬**：新儒學家無疑地都吸取傳統儒學所著重的仁、義、禮、智這四種德性。但他們特別注意早期思想家也提過的誠和敬這兩種德性，用以解釋宇宙間具有一種能夠使人和自然合一的特質。

---

[44] 《孟子．告子上》，VI 上 15。

因而，這宇宙境界的特質涵著形而上和神秘的意義。上面已提過，新儒學家是受了佛教思想的挑激，而試圖把自然界和人間世的實在性取出證據來。他們乃引用古代典籍在宇宙的真實性的思想加以新的解釋。因為天是至誠，人無須擔憂被欺騙，即眼睛所看見的現象世界事物不是幻夢的，就是好像在《中庸》書中所說的：「誠者，物之終始，不誠無物……故至誠無息。不息則久，久，則徵㊺。」新儒學家也認為對於外物原理尋求知識的重要性，因為萬物是實在的，對物的認識是天人和諧的必要途徑之一。還有，敬這個名詞也是新儒學所看重的。在《易經》中所提的「君子敬以直內」㊻，他們認為，用敬的工夫是個人道德修養的必要方法。總言之，新儒學家重視誠和敬這兩德性，因誠為天道，敬為人事間關係的要素和精神修養的基礎。

## 五、新儒學成為正統

宋新儒學當時在思想上的最大敵手是佛教的教義，因為這個由外傳入的哲學宗教主義，已掌握了一班知識份子以及大多數的群眾之信心。佛教和儒道兩學派乃被認為是本色的思想產物，而稱為中國的三教。但是，經過了一批新儒的先驅者和思想家的努力，終而帶來一個巨大的哲學復興，並在中國哲學史上，在以後九世紀的期間，占了最優勝的思想和倫理力量的地位。他們的所以成功的原因，可以簡略地提出幾點。

第一，愛國情緒的增長。上面曾略提過，在宋代期間因為政治

---

㊺　《中庸》，25 · 2。

㊻　《易經》，坤卦。

軍事的衰弱，激發了一種對於國家的反省運動，而使一般知識份子感覺到，要解決當時社會政治的嚴重問題，必須回到中國固有的文化思想求答案。前在西元 845 年，唐朝朝廷曾經下了反佛教的法令，沒收約四萬五千所的佛教寺院，並強迫約二十六萬的僧侶和尼姑返回世俗生活。這次的反佛法令並非因為佛學對於外來軍事侵略有直接的關係，卻是因為佛教對於人類社會所抱著的消極態度，而產生了反面影響的後果。傳統儒學在人類社會上所主張的積極觀念，正是當時所急需的。

第二，大量有關文化哲學著作的產生。這點是新儒學成為正統的重要因素之一。在古典時代以後的期間，儒學學者的主要工作，是在收集古代經典，繼即注重在把佛經翻譯成為漢語事上，因而，在這期間具有創造性的哲學著作，為數不多。但是，這一批新儒學學者，卻各在個人興趣範圍內，從事於創造寫作上，而產生了大量的哲學作品。南宋大新儒家朱熹，曾經把北宋新儒學家（包括周敦頤、張載、程顥、程頤）的重要著作集成，並把古典哲學思想加以注釋。他的大量著作便成科舉取士考試的標準，一直到西元 1905 年科舉考試制度廢除為止。

第三，人文精神的重建。佛教教義所著重的來世和天堂地獄的觀念，對於那些處在亂世情況下的人們，無疑地適應了特殊的需要。但是，中國思想傳統，一向看重今生以及人間世的直接關係。就是說，新儒學再次建立這種傳統的人本精神，關切人事間的家庭、宗教、社會、以及保持人倫的正當相互關係，並認為每一個人都有敬老慈幼的道德義務。無可疑問的，新儒學因傾向現實和積極的人生宇宙觀，便起了正面的反應作用。相反的，佛教因所主張的來世和宗教極端的觀點，而開始衰退了。

第四，倫理實在論和宗教修養實踐的總合。上面曾經提了，新儒學不是，也不可能，和先秦儒學完全相同，因為它的思想是在一個不相同的新局面所產生的。也可以說，早期儒學是一種社會政治運動，新儒學是一種思想運動。雖則新儒學家各人試圖追溯古代思想的根源，作為他們的哲學基礎，可是他們卻有意地，或無意地，把自己的意見加在所吸取的古代經典中。因而，新儒學家在一方面，保持了傳統儒學所著重的一些中心概念，在另一方面，對於那些概念加以新的解釋和引伸。無疑的，新儒學家承繼早期儒學家在倫理論上，主張一種實在論理論，根據了宇宙界和人類界的實在性的基本原則。但是，新儒學家也都意識到佛教在實際上對於大多數群眾的心理精神上，已有了根深蒂固的影響，要把佛學滅絕是極不容易的任務，並且他們都是精通佛學經典的學者。有趣的是，新儒學家，從反面說，嚴厲地攻擊佛教教義，從正面說，卻有意地，或無意地，受了佛教對於個人虔誠實踐生活的影響，而採取靜坐和用敬的修養方法。總之，新儒學家一方面吸取傳統儒學的倫理實在論，另一方面卻借用佛教，尤其當時還在流行的禪宗，所注重的虔誠修養方法。這種把兩方面——即倫理實在論和宗教修養實踐方法——的綜合，對於他們在新儒學的建立上，也可以說是一個成功的因素。

張載就是承擔反對佛教和提倡新儒學這兩大任務的一位得力的思想家。

# 第二章　張載的宇宙論

## 一、宇宙論的問題

宇宙論是哲學探索的一個重要的部分。這個部分所關切的基本問題是宇宙的由來和構造。張載對於宇宙的這兩個基本問題不僅具有強烈的興趣，並且在他的著作中所闡述許多富有創闢的觀念，是在他以前的中國思想家所未曾談過的。因為早期的中國哲學家所正視，以及認為最急待解決的，是人類社會的實際問題，而非自然界的問題。

在西方哲學史，宇宙論是古代希臘思想家的出發點，最早的三位宇宙論者是泰勒士（Thales，約 624–546 B.C.），阿那克西曼達（Anaximander，約 610–546 B.C.），和阿那克西米尼士（Anaximenes，約 585–528 B.C.），他們是埃奧尼亞 (Ionia) 的首都米利他 (Miletus) 的市民，所以稱為米利他學派。埃奧尼亞是古代希臘哲學思想的發源地，因為是一個航海的地方，居民經常觀察水上自然的變化。這三位宇宙論思想家，對於宇宙的自然界有了好奇驚訝的感覺，以及客觀探索的精神，首次提出哲學的正宗問題，並各人試圖加以解答。他們的問題是：在這個千變萬化的宇宙自然界間，究竟有沒有所謂最基本的本源和永恆的本體。泰勒士這位西方宇宙論的鼻祖，提供一個答案，即「水」是宇宙的本源，因為「水」本身是一種活力為生命的原理，萬物似乎都是由水而生的。第二位阿那克西曼達認為「水」太有限了，因而提出「無限定者」是宇宙的本源，他所謂「無限定者」，是永恆的、無邊無際、不生不滅、並是一切萬物的由來和歸宿。「無限定者」這個概念比「水」這個概念似乎較有哲學的涵意。但第三位阿那克西米尼士主張，宇宙的本源是「空氣」，因為「水」是從「空氣」而來的，而且「空氣」比「水」的活動力更大；還有，「空氣」這個概念比「無限定者」這個抽象概念較為具體的。他們各人的宇宙觀似乎過於簡單，但創始者總是難以為功。所值得注意的是，他們在純粹知識上的探索精神，卻成為以後西方哲學宇宙論的開端。

在蘇格拉底以前的希臘思想家把宇宙論主要的問題和學說，做了初步的探討，以後由柏拉圖這位大思想家加以綜合和擴充成為他的哲學系統。柏拉圖的宇宙觀是在他晚年所寫的對話篇《泰米亞斯》(*Timaeus*)，去解決他的形而上學二元論的問題。（在這裡所謂形而上學，包括了對於超自然界本體的探索，和宇宙論的著重在自然現象界的來源和構造有區別。）這個二元論的問題是，如何把他所主張的理想世界 (The World of Ideas, Form/Ideals) 和現象世界 (The World of Physical Objects) 這兩不相干的世界聯繫起來。因而，在《泰米亞斯》篇中，柏拉圖提出一個宇宙建造者，即他所謂狄米耳已 (Demiurge)。這個建造者因受了在理想世界裡存在著的真、美、善，這三而為一的理想所激動，而建造了這個物質世界。但是，柏拉圖的建造者和《舊約聖經．創世紀》中所記載的上帝不同。因為後者是創造者，即從一種「空」的狀態在「六天」之內，把宇宙萬物一步一步地創造完成的。柏拉圖卻認為原始就有物質的存在，他的建造者只是把這個物質世界從混亂無序的狀態中，摹倣了理想世界而建造成為一個秩然有序的世界而已。

古代希臘的宇宙論在柏拉圖的高徒亞里斯多德（Aristotle，384–322 B.C.）的哲學就成為系統化了。亞氏根據科學的原則去解釋宇宙。他認為純粹理形 (form) 或純粹物質 (matter) 是不可能單獨存在的。一切自然物都可以由四種單純的物體，即氣、火、土、水，加以分析。火有了上升的傾向而變成為水，水有了向下的傾向而變成為地，固體有了變成液體的傾向，潮濕有了變成乾燥的傾向。就是說，一切物體都有內在的動力，而變成其他的物體。自然界就是這樣不斷地在變化的過程中。但為了解釋邏輯上的必要，亞里斯多德認為在宇宙間，有一個他所謂「不動的第一推動者」(Unmoved Mover)，作為一切物體動力的來源。

亞里斯多德以後，在西方有了多種的宇宙論學說。最主流的是與古代希臘相對立的中世紀經學時代的宇宙觀點，即強調神能為宇宙的創造者，並由十三世紀的大宗教哲學家聖多瑪斯（St. Thomas Aquinas，1225–1274）提出五大論點，證明上帝是⑴第一推動者，⑵第一起因者，⑶第一必要者，⑷至善者，⑸第一設計者❶。但是，近代的宇宙論思想家和古代希臘所主張的較為相近。現代西方對於宇宙論有了深刻的探索的，是英人懷德海 (Alfred North Whitehead, 1861–1947)。在他的傑著——《歷程和實體》，副標題為《宇宙論論文》❷——明顯的，懷德海的宇宙觀是受了柏拉圖的影響。他的所謂「永恆的物」(eternal objects) 和「現實的物」(actual entities) 分別和柏拉圖的所謂理形 (form) 及物質 (matter) 相似。據懷氏的觀點，上帝是在這兩種「物」之間，把「永恆的物」的多種可能提出給予「現實的物」抉擇。上帝不是宇宙的創造者，而是以真美善的視野忍耐地領導世界。懷德海把他自己的哲學系統稱為一種生機主義

❶ *Summa Theologica* (1265–1272), Vol. I, Section 1, question 2. 3.

❷ *Process and Reality: An Essay in Cosmology* (New York: Macmillan Company, 1929).

(Organism)，因為他主張一切的事物都感覺到其他事物的存在。就是說，每個「現實的物」和其他別的「現實的物」都有主動的關係，並且是彼此之間的一部分。簡言之，宇宙的存在歷程是一種價值實現的歷程。他認為自然界的一切事物是不斷地流動著，由過去到現在以及往未來進展，並且隨時隨地在創造新穎的事物的過程中。

上面鳥瞰地提了西方在宇宙論上的問題和不同學說，好作為比較的參考。在中國哲學史，對於宇宙的來源和構造這兩個問題，已在早期的典籍中記載了所謂「五行家」和「陰陽家」這兩個學派。「五行」這個名詞，據傳說，是在西元前十二世紀的記載提過的。但最可靠首次談過的，是在《書經》中的〈洪範〉篇❸，戰國時期 (403–222 B.C.) 的作品。在這篇中記說：

> 五行：一曰水，二曰火，三曰木，四曰金，五曰土。水曰潤下，火曰炎上，木曰曲直，金曰從革、土爰稼穡。❹

這五行就是初期〈洪範〉的作者所認為是宇宙構造的具體基本物體，但卻未提及宇宙的來源這個問題。此外有關「五行」的早期文獻是所謂〈月令〉❺，也是戰國時期的作品，作者把宇宙的五種基本物體引伸為「五德」，即在一年四季中都有其所謂「盛德」的特點，好像春天「盛德在木」，夏天「盛德在火」，秋天「盛德在金」，冬天「盛德在水」❻。可見〈月令〉的作者已把〈洪範〉作者對於宇宙

---

❸　《書經．洪範》，V 4。

❹　《書經》，III, 2, i。

❺　《禮記》，卷 5。

❻　《淮南子．時則訓》，把「季夏之月」解釋為「德盛在土」。

的構造範疇擴充了，並把「五德」和君民的行為配合起來。「陰陽家」雖以騶衍（約 305–240 B.C.）為一主要的思想家，可是他的興趣是在地理和歷史方面，並應用「五行」這個觀念去發揮他的歷史哲學觀。但他卻未曾把陰陽這對名詞運用在宇宙論問題上。

陰和陽這一對名詞，在《國語》（也稱為《春秋外傳》）中說：

> 周將亡矣！夫天地之氣，不失其序；若過其序，民亂之也。陽伏而不能出，陰迫而不能蒸，於是有地震。今三川實震，是陽失其所而鎮陰也。陽失而在陰，川源必塞，源塞國必亡。❼

意思是，地震的原因是陽氣處在陰氣之下，不正常的位置所致。在《左傳》書中也寫說：「是陰陽之事，非吉凶所在也。吉凶由人❽。」還有，《老子》經中也提過陰陽說：「道生一，一生二，二生三，三生萬物。萬物負陰而抱陽，沖氣以為和❾。」這指明作者認為陰陽是宇宙的兩個原則。但《易傳》的作者對於陰陽這個雙層的概念有了較為詳細的解釋：

> 易有太極，是生兩儀（即陰陽），兩儀生四象，四象生八卦❿……一陰一陽之謂道；繼之者善也，成之者性也。仁者見之謂之仁，知者見之謂之知，百姓日用而不知，故君子之

❼ 《國語》，卷 1，頁 11。

❽ 《左傳》，卷 6，頁 1。

❾ 《老子》，章 42。

❿ 《周易》，卷 7，頁 10。

道鮮矣⓫……乾，陽物也。坤，陰物也；陽陰合德，而剛柔有體，以體天地之撰。⓬

這段引語所提的幾個名詞都有重要的哲學意義，並是以後新儒學思想家所著重的概念。所謂「太極」是等於「道」，「兩儀」是等於「陰陽」，「乾坤」分別是天地間的一切陽性和陰性的事物。據《周易》作者的見解，宇宙、包括自然界和人類社會，是以「道」或「太極」為本源，並是有了秩然有序的構造。簡言之，在宇宙間的一切世事都是互相聯貫的一個整體。

從上面所略述的，可見中西哲學在宇宙的由來和構造這兩個基本問題上，都有了共同的興趣，雖則個別思想家，不論中或西，各人有自己的見解。但是，對於這兩種哲學思想傳統所值得注意的一大不相同點，從大體上說，即西方宇宙論者的探索是站在純粹哲學問題的立場，而中國思想家對於宇宙論的興趣是與人類社會聯繫在一起的。換句話說，前者在宇宙論問題上是以滿足人的知識為主旨，後者卻著重在自然界和人的關係。

張載的宇宙觀是吸收早期的「陰陽家」，「五行家」，和《周易》作者的共同點，即他們都企圖把宇宙間的自然界和人類社會作一套有系統的解釋。無疑的，張載在他較早期所寫的《易說》，指明他的宇宙觀深受《周易》的宇宙論學說所影響。但是，張載在當時所正視的一個嚴重的思想問題，是前人所沒有的，即還在盛行著的佛教對於宇宙所主張的虛無主義。佛家認為現象世界不能離開人的意識而獨立存在，因而天地日月以及人間世都是幻妄。還有，張載對於

⓫ 同上書，卷7，頁3, 4。

⓬ 同上書，卷8，頁6。

古代希臘思想家們的宇宙論學說，大概會表示賞識，尤其是他們對自然界所發生的驚訝好奇興趣，而從事於純粹哲學的探索。可是，張載的宇宙觀是反映當時在知識上和社會上的需要而產生的。因而，他站在實在主義觀點的立場，強調宇宙的現象世界是不依靠人的意識而獨立存在。宇宙的本源是所謂「太虛」或「氣」，並且整個宇宙事事物物的結構是遵循一套有聯貫性的秩序和原理。

## 二、氣的特性⓭

（1）

氣是張載的哲學系統最重要的一個名詞，也可以說是他對於中國哲學最有創見性的貢獻，因為他是第一位思想家主張氣為宇宙的根本實體，並把這個概念加以詳細和深刻的闡釋。

氣這個名詞孟子曾經提過，但最具有哲學倫理意義的一句話是他所說的：「夫志，氣之帥也，氣體之充也……志壹，則動氣；氣壹，則動志也⓮。」這指明孟子認為，氣是人的素質的一部分，可是和志不相同，並在志的下方。那麼，氣的意思是什麼？孟子對於這個問題並未曾給予解釋，有人問說：「何謂浩然之氣？」孟子的簡單回答是：「難言也，其為氣也，至大至剛，以直養而無害，則塞天地之閒。其為氣也，配義與道；無是，餒也⓯。」就是說，氣是一

---

⓭ 本章所討論關於張載的氣論，一部分是著者在 1968 年所發表的英文論文中，見 Siu-chi Huang, "Chang Tsai's Concept of *Ch'i*," *Philosophy East and West,* Vol. 18, No. 4 (October, 1968), pp. 247–260.

⓮ 《孟子．公孫丑上》，II 上 2。

個不容易下定義的名詞，但是可以形容為一種活動的力量，並可以培養使成為與義和道一致的。換句話說，孟子所謂「我善養吾浩然之氣」是需要集義明道，才能夠達到最高的道德境界。浩然之氣與一般所謂士氣、元氣、正氣、或養氣，都不相同，因為浩然之氣是以求達與天地同參的理想為目的。

到了漢代，在《淮南子》書中，氣這個名詞就成為宇宙論的一部分，作者說：

> 天墜未形，馮馮翼翼，洞洞灟灟，故曰太始。太始生虛霩，虛霩生宇宙，宇宙生元氣，元氣有涯垠，清陽者薄靡而為天，重濁者凝滯而為地……陽氣勝則散而為雨露，陰氣勝則凝而為霜雪。毛羽者，飛行之類也，故屬於陽；介鱗者，蟄伏之類也，故屬於陰。⓰

大意是，宇宙的本源是虛霩，萬物是由於氣的變化而產生的。西漢儒家董仲舒（約 179–104）也談氣。他對於氣的意思與孟子所提的浩然之氣也不相同。董仲舒說：

> 天地之間，有陰陽之氣，常漸人者⓱……天地之氣，合而為一。分為陰陽，判為四時，列為五行。⓲

⓯ 同上註。

⓰ 《淮南子．天文訓》，卷 3，頁 1–3。

⓱ 《春秋繁露．天地陰陽》。

⓲ 《春秋繁露．五行相生》。

這段話指明，董仲舒的所謂氣，是一種在天地間的陰陽兩氣，為一年四時在運行中的基本動力。以後，東漢的自然主義思想家王充(27–97)，主張氣是一種物質的氣，以自然為根據，他說：「天地合氣，萬物自生，猶夫婦合氣，子自生矣⓳。」又說：「謂天自然為者何？氣也⓴。」

雖則早期思想家曾經談氣，然而張載的所謂氣在多方面是前人未曾涉及的㉑，還有，與張載同時代的初期北宋新儒家周敦頤和邵雍，都把氣這個概念包括在各人的宇宙論學說中。周敦頤在《通書》中說：「二氣五行，化生萬物㉒。」這指明周敦頤把陰陽解說為二氣。邵雍也說：「氣變而形化，形可分而神不可分。陽生陰，故水先成；陰生陽，故火後成㉓。」但是，周敦頤和邵雍並不如張載那樣強調氣這個概念的重要性。

張載的兩表侄程顥和程頤，都同樣地認為氣是為解釋宇宙間一切變化不可缺少的概念，尤其是程頤也常談氣，他說：「若已有人類，則必無氣化之人㉔。」可是他對於氣的興趣並不大。程頤曾說：

> 觀吾叔之見志，正而謹嚴，如虛無即氣，則無無之語，深探遠賾，豈後世學者所嘗慮及也。然此語未能無過，餘所論以

⓳ 《論衡》，卷 30，頁 1, 2。

⓴ 《論衡》，卷 18，頁 1。

㉑ 李約瑟在其巨著，曾錯把張載的氣論釋述僅僅是承繼王充的自然主義觀，見 Joseph Needham, *Science and Civilization in China* (Cambridge, University Press, Vol. 2, 1956), p. 471。

㉒ 《通書．理性命》，22。

㉓ 《觀物外篇上．河圖天地全數》。

㉔ 《程氏遺書》，卷 15，頁 19。

> 大槩氣象言之，則有苦心極力之象，而無寬裕溫厚之氣，非明睿所照，而考索至此，故意屢偏而言多窒。㉕

這段話說明，程頤在一方面對於張載的深刻思想表示尊重，但在另一方面指明他與表叔在宇宙觀點上的差異。因為張載所主張的「太虛即氣」的中心思想是二程兄弟所不能贊同的。張載與二程的關係和在學術思想的互相影響問題，將在第五章討論。

⑵

張載的所謂氣究竟是什麼？他認為氣是宇宙間一切過程的基本實體。他大概會贊同周敦頤在〈太極圖〉中所闡析的宇宙進化觀：

> 無極而太極，太極動而生陽，動極而靜，靜而生陰，靜極復動，一動一靜，互為其根，分陰分陽，兩儀立焉。陽變陰合而生水木金火土，五氣順布，四時行焉。㉖

就是說，宇宙的過程是從抽象，不可見的領域進化到具體，可見的萬物現象界。但是，張載試圖把他的宇宙觀從較為具體而可以理解的方面去解釋。因而，他強調氣這個概念，並和他所重視的太虛這個概念聯繫在一起。太虛（相當於周敦頤的「無極而太極」，但張載未提這兩個名詞）是屬於看不見的領域，要依靠氣的活動才能夠表彰的。雖則氣是每個物的基本素質，可是太虛卻是氣的起源，並是一切物的歸宿，就是張載所說的：

---

㉕　《張子全書》，卷 15，頁 305。

㉖　《周濂溪集》，卷 1，頁 1, 2。

> 太虛無形，氣之本體……太虛不能無氣，氣不能不聚而為萬物，萬物不能不散而為太虛。㉗

在他的傑著《正蒙》書中，張載對於氣這個概念的特性，有了詳細的闡述，可以分為下面六點。

第一特性，氣是不斷地在變化的過程中。張載說：

> 氣坱然太虛，升降飛揚，未嘗止息，《易》所謂「絪緼」，莊生所謂「生物以息相吹」，「野馬」者與！此虛實動靜之機，陰陽剛柔之始。浮而上者陽之清，降而下者陰之濁。其感遇聚散，為風雨，為雪霜，萬品之流形，山川之融結，糟粕煨燼，無非至教也。㉘

在這段話中，張載分別引用《易經》，以及莊子（周，約 369–286 B.C.）在〈逍遙遊〉篇中的句子，去解釋氣的不斷變動的特性。這種特性就好像莊子所形容野馬般的遊氣。但是張載在這點上是根據《周易》所提的陰陽兩個原則的互相交替理論。就是他在〈繫辭下〉中所解說的：「天地絪緼，萬物化醇；男女構精，萬物化生㉙。」的意思。

上面已提過，早在古代希臘約西元前六世紀中的思想家阿那克西米尼士，是在西方哲學史首先主張氣或空氣為萬物的基本原質。據他所遺下的殘篇的一句話，阿氏說：「正如我們的靈魂是氣，它使

---

㉗ 《張載集．正蒙．太和》，頁 7。

㉘ 同上書，頁 8。

㉙ 《張載集．易說．繫辭下》，頁 224。

我們成為整體；同樣地，氣息與氣包圍著整個自然[30]。」明顯的，他認為空氣比泰勒士早先所提的水為宇宙原質還要廣。氣是無孔不入、無限的、並是生命的原理。氣在凝聚狀態中，連續地成為風、雲、水、泥、土、石；氣在稀薄狀態中就成為火。阿那克西米尼士的宇宙觀對於以後西方科學和哲學的貢獻，不是他把氣這個概念當為萬物的基本原則，而是他主張氣是連續地在流動著。所可引為有趣的，就是他對於氣的凝聚和稀薄的見解，和張載在氣的第一特性這點上頗為相似。張載會贊同阿氏，認為萬物的基本原質必須是不停止地在變動中，是有生機、有活動力的。但是，阿氏的所謂氣或空氣，僅僅是張載的氣論之一方面而已。

第二特性，氣的不斷變化是遵循一種固定的活動規律，即張載從傳統思想所承繼的陰陽這兩重的概念。陰陽雖是表象兩不相同的方面，男女、剛柔、來往、生死等，然而這兩相異的方面是互相補足的，陽不能不受了陰的影響而為陽，陰不能不受了陽的影響而為陰。簡說之，氣的變化是由於陰陽這兩原則永恆地在活動中，張載在這點上的結論是，在宇宙間沒有任何事物能夠離開氣的雙層互相作用來解釋的。這種解釋可以應用在可見和不可見的事物、物質和精神的變化、無生物和有生物、自然現象和人的事上。張載說：

> ……知萬物雖多，其實一物；無無陰陽者，以是知天地變化，二端而已。[31]

意思是，在宇宙間的萬物，為數繁多而各不相同，是由於在物中有

---

[30] 見亞里斯多德，*Metaphysics*, I, 984a 5.

[31] 《張載集．正蒙．太和》，頁 10。

了陰陽兩端的變化，無一物能夠超過這個規律的範圍。

張載又說：

> 氣有陰陽，推行有漸為化，合一不測為神……天之化也運諸氣，人之化也順夫時；非氣非時，則化之名何有？化之實何施？㉜……陰陽者，天之氣也，剛柔緩速，人之氣也。㉝

在這段話，張載把天的變化和人的變化區別。就是說，天的變化是由於氣，人的變化是由於時。總之，宇宙間事事物物的千變萬化，都是由於陰陽兩端互相交替所構成的。

第三特性，張載認為，任何物從聚的狀態而變化為散的狀態，從有形而變化為無形，對於那個物本身並無滅絕的含意。這論說和近代物理學的所謂能力不滅律的理論相似。佛家所常用的所謂「有無」、「生滅」等類似名詞，張載卻以自己所喜好的「聚散」、「隱現」、「出入」、「動靜」、「屈伸」、「升降」等名詞代替。他挑選這些名詞的用意是在著重，雖則宇宙間的一切萬物時常在變化中，然而沒有任何物的質是有所損失，或完全消滅。好像水從液體變化成為固體的冰，水並不因為這種變化而毀滅一樣。張載在這點上有了明確的解述，他說：

> 氣之聚散于太虛，猶冰凝釋于水。知太虛即氣無無。故聖人語性與天道之極，盡于參伍的神變易而已。諸子淺妄，有有無之分，非窮理之學也。㉞

㉜　《張載集．正蒙．神化》，頁 16。

㉝　《張載集．語錄上》，頁 324。

他又說：

> 氣聚，則離明得施而有形；氣不聚，則離明不得施而無形。方其聚也，安得不謂之客；方其散也，安得遽謂之無！故聖人仰觀俯察，但云「知幽明之故」，不云「知有無之故」。[35]

這兩段引語說明，張載在一方面對於佛教的所謂「有無」觀點，加以批評，在另一方面，他引用〈繫辭〉中所提的「知幽明之故」的意思，加以著重。就是說，無形不可看見的是幽，有形可以看見的是明。但是，不論幽或明都是所謂「有」，沒有所謂「無」。總之，張載確信，自然界是實實在在的，並且不因物體的變化而毀滅的。

第四特性，在宇宙間，沒有兩種事物是完全相似的，張載不僅著重氣為不可毀滅的，並宇宙間的千變萬化是依據陰陽兩端互相影響的一致規範，他也主張沒有任何物是重複任何別物的。好比說，夏天自然而然是由於陰勝過陽的交替作用，而跟著春天的消逝出現了。但是這個夏天和過去的夏天又是不一樣。雖則一年只有四季，卻永遠地依照循環的規律運轉，每一季節本身是一新的和獨特的單位，與往年的兩樣。不僅在自然界是如此，在人類世界沒有兩個人的心靈是恰恰相似的。張載對於個別人的心靈之獨特性更為看重，因為人是一切生物之靈，心靈的反應是不可預測，不可能完全瞭解的。他說：

> 造化所成，無一物相肖者……萬物形色，神之糟粕……心所

---

[34] 《張載集．正蒙．太和》，頁 8, 9。

[35] 同上書，頁 8。

以萬殊者，感外物為不一也。[36]

這引語指明，張載認為每個人的心靈，因與外物接觸的反應是與別人的反應不相同，而各人有其獨特的性格，不是任何別人所具有的。在這點上，張載和西方十八世紀的德國哲學家萊布尼茲（Gottfried Wilheim von Leibniz，1646–1716）所主張的相近。萊氏在他的重要著作《單子論》[37]書中，也認為在自然界中沒有兩種事物是完全相似的，因為各個別事物都有其內在的特質。尤其是人的心靈，差異性是由於內在的特質的不同以及知覺的反應程度所造成的。這種說法和張載所說的「無一物相肖者」相似。

第五特性，張載認為，宇宙間的一切事物不斷地在移動中的基源，不是由外來的動力。好像大多數的中國思想家一樣，張載的見解是，自然界的移動性不必和亞里斯多德所假定的所謂「不動的第一推動者」來解釋。換句話說，宇宙無須依靠第一移動者，因為氣本身是具有活動性和自動力，能夠使一切事物變化和移動。他在討論天文問題，曾經對於宇宙自動論作了一有趣的假設，他說：

天左旋，處其中者順之，少遲則反右矣。地，物也；天，神也……凡圜轉之物，動必有機；既謂之機，即動非自外也……愚謂在天而運者，惟七曜而已。恆星所以為晝夜者，直以地氣乘機左旋於中，故使恆星，河漢因北為南，日月因天隱見，太虛無體，則無以驗其遷動於外也。[38]

[36] 《張載集．正蒙．太和》，頁 10。

[37] *Monadology* (1714).

[38] 《張載集．正蒙．參兩》，頁 11。

這段話指明張載的觀點，天為無形的神體，地為有形的物體處在天的中間，並順著天向左旋轉，因為速度遲緩的差異，少遲就似乎是向左旋轉，附屬於地的日月五星（水、木、金、火、土）同稱七曜，處在地的外面，但都有自動性，並且隨著地一同旋轉。地與七曜都是圜轉之物，都有發動和移動之機。機就是物體移動的內因。就是說，天的氣自動地下降，地的氣自動地上升。因而，無須任何外因為第一動力。張載對於氣的自動特性觀點，不能不說是一種創見。

第六特性，在張載的宇宙論理論，他特別強調「虛」這個概念為氣的重要特性。早期儒學家雖著重氣這個概念，然而他們未曾把虛與氣這兩個概念聯繫在一起。張載借用道家和佛教分別所看重的虛和空，而給予一種創新的解說。這個新的學說含蓄在他的所謂「太虛即氣」和「虛空即氣」的基本命題。就是說，他企圖在宇宙論上把早期儒家所提的氣和道佛兩教分別所提的「虛」和「空」綜合起來，張載在「虛即氣」這個命題上的兩種說法，即「太虛即氣」和「虛空即氣」分別對於道家和佛家宇宙觀的批評，將在下面兩節加以分析和討論。

## 三、「太虛即氣」

張載強調「太虛即氣」和「虛空即氣」，這兩個句子涵著深刻的哲學意義。「虛」這個名詞早在老莊的著作中提過。在《老子》經中說，「虛而不屈」[39]，莊子也說：「若是者，外不觀乎宇宙，內不知乎太初，是以不過乎崑崙，不游乎太虛[40]。」佛教所常用的名詞不

[39] 《老子》，章 5。

[40] 《莊子．知北遊》。

是「虛」，而是「空」這個名詞。雖則張載借用道佛兩學派的名詞，然而他的所謂「太虛」和「虛空」這兩個概念，卻與這兩學派分別所謂「虛」和「空」大不相同。實際上，張載對於道佛兩學派的宇宙觀的批評，是根據他所謂「太虛」和「虛空」所含著的形而上的意義。

在形而上學的思想範圍，似乎沒有任何概念比「有」(being) 和「無」(non-being) 這兩個哲學概念，以及它們的關係，更加複雜。「無」 在古代希臘文有了兩種的解釋❹❶，第一是 *ouk ón*， 意思是「無」否定「有」，並是「有」的對立；「有」是單純的「有」；「無」是虛無，不存在、缺乏、空虛、不實在，非實體的。第二是 *mēón*，意思是，「無」能夠和「有」發生某些關係，並且不斷地否定「有」。在西方哲學，對於「有」和「無」的這兩種解釋可以引為例子是：第一種解釋的代表人是現代法人馬瑞坦 (Jacques Maritain， 1882–1973)。 他是西方中世紀神學思想的繼續者， 因而被稱為新聖多瑪 (Neo-Thomist)。他認為所謂「有」是一切的一切；所謂「無」是空白的，不存在的，並是和「有」相對立的❹❷。代表第二解釋的，即「無」和「有」這兩個概念能夠發生某種關係，並且「無」是不斷地否定 「有」， 是當代德人神學哲學家蒂利克 (Paul Tillich, 1886–1965)。他的思想是把「無」和「有」這兩個概念綜合起來。因為他認為「有」本身是孤立，無活力的，卻因接受了「無」而成為有活力的力量❹❸。

---

❹❶ 著者對於這兩種意思的解釋，是從這本書所提的借來的，見 Will Herberg, *The Four Existentialist Theologians* (New York: Doubleday, 1958), pp. 6–7.

❹❷ 見馬瑞坦，*Existence and Existent* (Pantheon, 1946).

古希臘文在「有」和「無」這兩名詞上的含意，也可以借用作為解釋道佛這兩學派在這兩個概念上的區別。佛教所主張的「無」或「空」與第一種解釋相似，因為「空」是否定「有」。道學的所謂「無」或「虛」與第二種解釋相近，因為「無」是「有」的由來，是最終極的實體，能夠成為「有」的創造原則，並是一切萬物的起源。張載反對道佛這兩學派，批評各偏一邊，因而，他試圖把道佛的「無」和「空」這兩學說綜合起來。

先討論張載對於道家所主張的「虛」論，他說：

> 若謂虛能生氣，則虛無窮，氣有限，體用殊絕，入老氏「有生於無」㊹自然之論，不識所謂有無混一之常。㊺

在這段話中張載的主要爭論點是，道家預先假定「無」是「有」的起源。這種說法的確是不能使人信服的。在《老子》經中所談的「無」為萬物的起源，其含意是，「無」這個概念雖是不可名和不可形容的，卻是真實的，並是最終極的實體，然而這種看法是張載所不能贊同的。因而，他用自己所喜悅的名稱「太虛即氣」來代替。就是說，「太虛」和「氣」是互相關係的。據張載的見解，所謂「那生」與「那生於」這兩種說法，在根本基礎上並沒有區別。於是，「無」與「有」從這論點就綜合起來了。換句話說，張載認為，說天的由來為太虛，和說天的由來為氣，這兩種說法是同樣的。說太

㊸ 蒂利克的重要哲學神學著作，*Systematic Theology*, 3 volumes (Chicago, 1951–1963).

㊹ 《老子》，章 40。

㊺ 《張載集．正蒙．太和》，頁 8。

虛在散的狀態為不可見，在聚的狀態為可見，和說氣在散的狀態為不可見，在聚的狀態為可見，這兩種說法也是同樣的。明顯的，對於「無」和「有」這兩個概念的爭論僅僅是：道家的所謂「無」是在「有」之先，並是「有」的由來。張載卻主張，「無」非在「有」之先，也不是「有」的由來，而是「無」在本質上和「有」為相等的，就是說，「無」和「有」的區別僅僅在變化的過程中而已。換言之，據道家的觀點，「無」是一個不可名的名詞，和那具有各種物的「有」的名詞大有區別。因為「無」是無限的，不可見的，能夠與有限和可見的「有」發生某種神秘關係。但是，張載卻認為，「氣」和「太虛」是同樣的。這兩個概念的同一性，不僅能夠應用在散的狀態以及不可見的領域，並且也能夠運用在聚的狀態以及可見的領域，那麼，道家對於「無」和「有」在定言上的區別，由張載所謂「太虛即氣」的同一論得到解答了。

張載選用「太虛」這個概念，而不用「無」這個概念，因為「太虛」涵著客觀現象有獨立存在的意義。他說「由太虛有天之名」㊻，意思是，天也是「太虛」，這個用意在莊子的〈知北遊〉篇中所提的「不游乎太虛」相似。可見張載和莊子在這點上，即客觀實體的存在，是同意的。但是，從形而上學的觀點看，他們的不同是，莊子的所謂「太虛」是傾向超自然界的，而張載卻站在實在論的立場強調「太虛即氣」。在這點上，張載明白地說：

> 太虛不能無氣，氣不能不聚而為萬物，萬物不能不散而為太虛……太虛無形，氣之本體，其聚其散，變化之客形爾。㊼

---

㊻ 《張載集．正蒙．太和》，頁7。

㊼ 同上書，頁9。

因而，張載對於道家所主張的宇宙觀的批評是，後者錯誤地把「無」和「有」認為有先後次序的分別而含著一個邏輯的問題。就是說，假如在宇宙間，「無」是在「有」之先，那麼，「無」應當具有某種動力去產生「有」。可是，道家的所謂「無」為一個抽象的名詞作為形容「道」這個概念，但「道」在原始狀態為不可名的，那麼，「無」怎麼能夠在本體論有何動力去產生「有」，包括自然和人類界呢？據張載的看法，「無」沒有內在的動力去產生或毀滅任何物，包括它本身。為此，假如有所謂無限的某種物存在，必定是「有」，而不是「無」。

明顯的，張載所以強調「虛」這個概念，目的是在更正道家所用那個使人誤解的「無」這個概念。「太虛」不是「無」，而是「氣」。「氣」瀰漫在「太虛」，兩者必須並存。「氣」是某種物的特性，不斷地在變化過程中，並依據陰陽兩個原則互相交替的一定模型。「無」和「有」的區別是相等於散和聚的區別，無形和有形的區別。因而，張載認為，道家所預先假定的「無」作為本體論在「有」之先，是偏一邊的謬論。從邏輯和經驗兩方面著想，道家的這種理論是沒有根據的。換句話說，道家主張「無」和「有」以先後次序為區別，是提出一個不適切，不可能解答的問題，而這就是《老子》作者錯誤地把「無」認為在「有」之先。張載重複地提醒讀者，「太虛」不是「有」，也不是「無」，而是「太虛即氣」在聚或散兩種不同的狀態，這個二而一的概念含有某種創造性、正面、具體，和內在活動的意義。總言之，張載強調「太虛即氣」，以辯明他的本體宇宙論學說，因為它涵有某種事物存在於客觀現象世界的意義，「無」卻缺乏那種含意。並且，他確信，當某種物被理解為宇宙的雙層過程，聚和散，「有」和「無」，在本體宇宙論上是不區別的，雖則在知識論上是可以區別為可見和不可見。張載說：

> 聖人仰觀俯察，但云「知幽明之故」，不云「知有無之故」……方其形也，有以知幽之因。方其不形也，有以知明之故。[48]

就是說，據張載的觀點，從「無」到「有」，是出「幽」而入於「明」。從「有」到「無」，是入於「幽」，而非入於「無」。他吸取傳統所提的「幽」和「明」，以代替「有」和「無」，即把有無這兩個概念綜合了。

雖則張載對於道家的「無」這個名詞加以批評，然而這兩種宇宙觀在形而上學上有了值得注意的兩相同點。第一，不論宇宙的本源是好像道家所主張的「無」，或好像張載所強調的「太虛即氣」，兩方面都認為，「虛」或「氣」是自存、自變、自動的，無須在邏輯上假定任何外因使其成為實體。第二，早期道家和張載都主張，「虛」是一種正面的實體，這個概念不含著某種空洞、虛無、或空虛的意思。

## 四、「虛空即氣」

上面一節已討論張載所謂「太虛即氣」，用意是在批評先秦道家的宇宙觀，現在將討論他所謂「虛空即氣」，目的是在攻擊佛教的宇宙觀。張載對於「氣」這個概念的興趣，基本上是在形而上學方面，雖則他好像中國傳統思想家一樣，對於形而上學的興趣並非為著形

[48] 《張載集・正蒙・太和》，頁8。

而上學的緣故。但是，他似乎不能不在這點上加以強調，原因是很明顯的，即要反駁那在中國的思想和生活已經有了長久優勢力的佛學形而上學說，必得建立一種更加令人信服的形而上系統。實際上，張載和其他的新儒學家都正視著一巨大問題的壓力，這個問題是早期儒家所沒有經驗過的，並且比道家思想所發生的問題還要難以對付，這個難題是，如何證明所看見的宇宙世界是實在的，而非幻妄的。因而，張載的「氣」這個概念適用了他的雙重目標：在一方面，作為排斥佛學宇宙論理論的思想武器；在另一方面，作為建造他認為較為正確的宇宙觀。

在張載的傳記中記載著[49]，他在青年時候，未皈依儒學之前，對於佛學甚為熟識，並在佛學文獻下過大的工夫研究。大概除了朱熹之外，張載是在宋新儒家中最精通佛學的學者。雖則佛學思想在他的哲學有了相當的影響（這點將在第五章討論），然而他對於佛學的形而上的理論加以嚴厲的排斥。他站在宇宙實在論的現實主義立場，針對著佛學形而上學的虛無態度，作為他批評的主旨。在他的著作中，張載清楚地表示他對於佛學主觀唯心主義的譴責，他說：

> 若謂萬象為太虛中所見之物，則物與虛不相資，形自形，性自性，形性、天人不相待而有，陷於浮屠以山河大地為見病之說。此道不明，正由懵者略知體虛空為性，不知本天道為用，反以人見之小因緣天地。明有不盡，則誣世界乾坤為幻化。幽明不能舉其要，遂躐等妄意而然。不悟一陰一陽範圍天地，通乎晝夜、三極大中之矩，遂使儒、佛、老、莊混然一塗。語天道性命者，不罔於恍惚夢幻，則定以「有生於

[49] 《張載集．附錄》，頁 381–386。

> 無」，為窮高極微之論。入德之途，不知擇術而求，多見其蔽於詖而陷於淫矣。[50]

這段長的引語含著張載反對佛教形而上學理論的三要點：第一，佛教錯誤地認為，唯一的實在是人的心靈意識，因而依據這種觀點，一切存在物，如山河大地，都是夢幻非實在的。第二，佛教把個人狹窄的心靈意識當作產生現象世界的因緣，這是由於不明瞭天道氣化的道理，這個道理就是，無形的幽可以變化成為有形的明，同樣的，有形的明也可以變化成為無形的幽。第三，佛教的所謂「恍惚夢幻」，就好像道學的所謂「有生於無」，被錯認為是一種高深的理論。據張載的看法，這是因為佛教信徒不懂天道性命，以及天地人三極之道，因而陷入片面的詖辭和放蕩的淫辭。

上面提了道家主張「無」是「有」的由來，並「無」能夠變化成為「有」的觀念。但是佛家的看法是和道家相反的，就是前者認為「無」是「空」的，「無」否定「有」，並且「無」不能夠和「有」發生任何交往的關係，因為在現象世界沒有任何事是獨立存在的。這就是佛學所謂「空」(śūnyatā) 的理論。這個理論的核心是，唯一的實體是稱為真如 (tathatā)，一種永不變易的「有」，並且如果人把一切否定為「無」是所能夠尋求得到的。張載試圖把道佛這兩學派的形而上學理論綜合起來。他指出，道家所假定的宇宙界的基本原質為「無」，不僅僅在理論上是不合理的，同樣的，佛教把「空」認為等於不存在、不真實，而是空空，這種說法在人的經驗上也是不正確的。換句話說，假如「氣」是被認為現象世界的根本素質，「氣」就是「有」本身，那麼，「有」不能從「無」而來的看法，是

[50] 《張載集 · 正蒙 · 太和》，頁 8。

合乎邏輯的；也就是說，「氣」在散的狀態似乎是「無」，卻不是「無」。照樣地，「有」不能終結於「無」的說法，明顯地是和人的經驗相符合的；也就是說，「氣」在散的狀態似乎是「空」，卻不是「空」。

張載應用「氣」這個形而上的概念，對於佛學的「空」這個學說嚴格地攻擊。他的辯論理由是根據他苦心所收集的實驗資料，和他把那些有關的資料加以慎重思考的結果而得來的。這不是說，張載是站在經驗知識論的立場，主張感官知覺為知識的來源，外在世界的存在只是依靠心靈的意識而已。實際上，這種立場正是他所反對的（張載的知識論將在第四章討論）。還有，他可以說是一位方法論懷疑思想家，因為他認為，任何未經過證實的命題之可靠性，應當先加以懷疑。這種懷疑的態度在他所說的明白地表示：「於不疑處有疑，方是進矣[51]。」因而，在這裡張載所最關注的是這個形而上學的問題：用什麼正確可靠的理由來解釋，在宇宙間的有形萬物是真實的，而非夢幻或空的？在解答這困難問題，首先，張載痛斥佛家在形而上學的預先假定，即把有形的一切萬物認為是不真實，而終歸於「空」。他批評這種立場的主要論點是：把任何存在的事物和任何有形的事物這兩種不同的事物，當作是完全相同，就是假設宇宙界只是存在於認知者的感官裡而已。據這種的看法，佛教的宇宙觀是陷入一種過分簡單化的謬誤，這個謬誤就是把客觀世界的複雜性完全歸併於主觀認知者所見所聞的。

無疑的，張載和佛家都主張，沒有任何有形的事物能夠永久地保持它的原狀。可是，張載進一步強調，在現象世界間有了某種物為一切變化的基礎，並且這個世界不是在認知者的心靈裡，而是獨

[51] 《張載集．經學理窟．義理》，頁275。

立存在著。他乃細心和積極地提供他的見解，一切有形可見的事物都僅僅由一個事物變化為另一個事物。他自己所舉的例子：水這一特別物變化為冰這另一特別物，這種變化並非失去了水，而是同樣的水已變化成為冰而已。這種變化過程本身，即由一物變化成為另一物，是看不見的，但是「氣」的變化性可以從實驗的結果，或以原則推論證實的。張載說：「顧聚散，出入，形不形，能推本所從來，則深於《易》者也[52]。」就是說，有形和無形的變化不是兩種不同的物，卻是一物兩體，而兩體仍然是一物。張載在解說他對於現象世界的獨立存在的論點，再三提醒讀者，要明瞭宇宙的自然界和人間界，必得根據客觀的觀察，而不應盲目地接受任何不可靠的言論。在這點上，即以觀察事事為根據的方法，以後由朱熹在格物理論加以解析。

張載對於佛學的「空」這個概念所含的意思更加不滿意。他在這點上批評的理由，是和他對道家的「無」這個概念的批評相似，就是佛教同樣地也陷入片面的謬誤，雖則兩學說所偏向的方面各不相同。道家的錯誤在於「有生於無」；佛教的錯誤卻把宇宙萬物認為是夢幻，是空的。張載的用意大概是直接地攻擊佛學的唯識論，這佛學學派當時的兩個重要中心區長安和洛陽，都是張載所住過的。據唯識論者的觀點，所謂實體僅僅是心靈意識而已，外在世界只是表象和假象而已，並無客觀存在。張載雖非首先反對佛學的新儒家，因為在他之前已經有好幾位的反佛先輩，包括韓愈和李翺。張載贊同韓愈和李翺的主要關切，即佛教思想在當時的個人和社會道德問題的不良影響。可是他是第一位新儒家，開始在宇宙論點上，作為他反對佛教的基礎。他激烈地批評佛學的宇宙論主觀的觀點，即認

[52] 《張載集．正蒙．太和》，頁 8。

為外在萬象，包括人及其生命，都是幻夢，並所謂「空」是指一切都是短暫，最終歸於空的。他說：

> 釋氏不知天命而以心法起滅天地，以小緣大，以末緣本，其不能窮而謂之幻妄，真所謂疑冰者與！釋氏妄意天性而不知範圍天用，反以六根（五官和心靈）之微因緣天地。明不能盡，則誣天地日月為幻妄，蔽其用於一身之小，溺其志於虛空之大，所以語大語小，流遁失中。其過於大也，塵芥六合（即宇宙）；其蔽於小也，夢幻人世，謂之窮理可乎？不知窮理而謂盡性可乎？謂之無不知可乎？[53]

這段話明確地表白張載對於佛教宇宙觀的嚴格攻擊。由於佛教信徒不了解自然規律所致，而錯誤地把微小的耳目鼻舌身心這六根，認為是宇宙的由來的始因，並把天道天用隱蔽有限的個人私意。從廣的方面看，他們把整個自然界當做等於塵芥，從小的方面看，他們把人生視為夢幻，這就是錯失中庸之道。換句話說，佛家不知天命氣化的道理，反把私意人心為起滅一切的來源，即所謂「心生種種法生、心滅種種法滅」。這種觀點就是好像夏蟲疑冰的荒謬一樣。

由此可見，張載對於佛學的形而上理論的批評，比對於道家宇宙觀的批評，更加嚴厲。他認為，道家雖然錯把「無」作為「有」的由來，卻主張客觀世界的存在，這種宇宙實在論理論是合理，可以接受的。但是，佛教把現象世界一概歸於心靈意識，這種看法就是否定在宇宙間有了某種物的獨立存在，這就是佛教教義的最大錯誤，因為其他有關道德，社會政治的問題，都由此而引伸出來。為

[53] 《張載集・正蒙・大心》，頁 26。

此，張載重複地強調，雖則在宇宙中間的一切萬物都在不斷地變化中，這一切不是妄幻，不存在，或「空」，卻是某種事物存在於一特殊的狀態，無論是在聚或散的狀態。

上面所解釋的是張載，在消極方面對於佛教的虛無主義的攻擊。但是，從積極正面的方面說，他特別強調向外界觀察探討，以證實宇宙與處在其間的一切是真真實實的，這就是他的哲學思想的核心。在他的著作中，張載對於天文、地理、生物、物理這些自然科學，都具有強烈興趣，並把他觀察研討的結論闡述。對於天文地理的觀察，他說：

> 天左旋，處其中者順之，少遲則反右矣……地有升降，日有修短……陽日上，地日降而下者，虛也；陽日降，地日進而上者，盈也，此一歲寒暑之候也……雷霆感動雖速，然其所由來亦漸爾……陽陷於陰為水，附於陰為火。54

他把動植物區別說：

> 有息者根於天，不息者根於地。根於天者不滯於用，根於地者滯於方，此動植之分也。55

在物理的自然規律，他說：

> 聲者，形氣相軋而成……形軋氣，羽扇敲矢之類；氣軋形，

54 《張載集．正蒙．參兩》，頁 11–13。

55 《張載集．正蒙．動物》，頁 19。

人聲笙簧之類。56

這幾段簡短的引語所指明的是，張載試圖把上面所提的問題（頁48）——即如何解釋宇宙間的有形萬物的真實性是可靠的——加以解答。就是說，宇宙間的一切千變萬化是遵循一種自然的規律，這自然規律的運行可以證實現象世界的實在性，並是獨立存在，無須依靠佛教所謂人的心靈意識的。

現在總結上面所討論的「太虛即氣」和「虛空即氣」這兩節。張載對於道學的「無」和佛學的「空」這兩個概念的批評，可以摘要如下。「無」和「空」各犯了一偏的共同錯誤。前者誤認「無」是自然界的基本實質，因而是「有」的由來；後者錯認自然界的本質是依靠心靈的意識，因而不獨立存在。他再進一步辯論，「有」和「無」這兩方法相對的爭論可以由「虛」和「氣」同一學說而解決的。因為從本體宇宙論看，「虛即氣」這個概念包含了客觀世界存在的意義，「氣」雖等於「虛」，卻是宇宙的實體，而非「空」或「無」，這基本實體是從它本身在不同的狀態表彰為實證，不論是聚或散、實或虛、伸或縮、動或靜、清或濁、升或降、剛或柔，簡言之，陰或陽。這兩種不同的狀態，似乎是互相對抗，卻是彼此依靠，彼此充實的。換句話說，張載認為，「虛即氣」，這個形而上的預先假定概念的含意是，存在於宇宙間的真體是不斷地在變化的過程中。他說：

氣之聚散於太虛，猶冰凝釋於水，知太虛即氣，則無無……諸子淺妄，有有無之分，非窮理之學也。57

56 同上書，頁20。

張載所主張的「虛即氣」，同一論也適用在他的知識論。據他的見解，宇宙的基本實體不僅在本體論上是獨立存在，從邏輯和經驗這兩方看，人的知識是由內在意識與外在實物，聯合得來的。張載會贊同十八世紀英國經驗主義首創者洛克 (John Locke,1632–1704) 所提倡的白板 (tabula rasa) 學說。意思是人類初生時的心靈狀態猶如空白的紙，對於外界的知識是由於心靈接受和反應外在事物得來的，因而，真理的標準和知識的正確可靠性，是以主觀心靈和客觀世界兩相符合為根據。但是，張載所著重的「虛即氣」的意義在知識論上不僅限制於感官的範圍，即他所謂「見聞之知」而已，卻包括了高一層的領域，即他所謂「德性之知」（他的知識論將在第四章討論）。總言之，雖則張載攻擊道佛這兩學派的主要點是在本體宇宙論點上，可是他更加關切的是「無」和「空」這兩個概念在價值論點上，尤其對於個人和社會道德的涵意和影響。因為，把「無」認為是宇宙的基本素質，含意是以「無為」的人生社會觀為基礎；把「空」認為是自然界的基本性質，含意是以多種否定，非多種關係，為處理人間世的複雜問題和義務。據張載的倫理觀，「虛即生仁」這種正面積極的道德涵意，是他在著作中所特別強調的（他的倫理學將在第三章討論）。

簡言之，張載所主張的「太虛即氣」或「虛空即氣」的結論是，這個本體宇宙論的概念的意義，既不是「無」，也不是「有」，卻是「幽」和「明」。張載和道佛這三種不同的宇宙觀，可以用下面的圖表說明。

---

57　《張載集・正蒙・太和》，頁 8, 9。

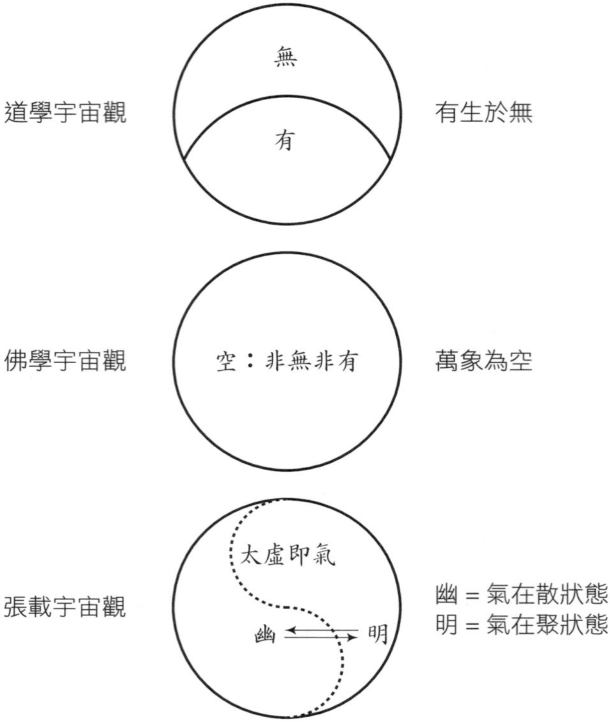


張載對於「無」與「有」這兩個概念的綜合，可以引王弼 (226–249) 回答有關先秦儒道兩學派的不同見解，所描寫的一段有趣的話。問題是，為什麼孔子不談「無」，而老子（李耳、老聃，西元前約第三、四世紀，對於老子其人，至今尚無可靠的結論）常談「無」呢？王弼說：「聖人體『無』，『無』又不可以訓，故言必及『有』。老莊未免於『有』，恆訓其所不足[58]。」張載專心一志於早期儒家哲學思想的再生，不僅會讚許王弼對於孔子不談「無」與老

---

[58] 《世說新語》（四部叢刊本），卷上之下，頁 11。

子常談「無」的原因，並且也會以同樣的理由，批評佛家的談「空」。究竟「無」或「空」是不能談的，還是談「有」吧。

## 五、「氣化」與「神化」

從上面所敘述和分析的，可見中國傳統思想的宇宙論學說，在張載的宇宙觀已進入了一個新的階段。這個新的階段是他把先哲的見解，尤其是《易傳》的宇宙觀，依據他的氣這個概念加以引伸和新的解說。因為他強調氣為宇宙的最基本實體，所以張載的哲學系統曾被稱為等於一種唯氣主義。牟宗三對於張載的氣說曾經說：「氣的意味太重，因而自然主義的意味亦太重，此以被人誤解為唯氣論也[59]。」

但是，張載的宇宙觀，除了特別著重氣這個概念之外，他還提出一個重要而不容易使讀者了解的概念，即他所謂「神化」。首先，這裡所討論的「神」，不是「鬼神」的「神」。張載對於神這個名詞的解釋是：「鬼神，往來，屈伸之義，故天曰神，地曰示，人曰鬼（他的自註：神示者歸之始，歸往者來之終）[60]。」就是說，神的意義是伸，也就是說，氣的屈是鬼，都是氣化的。那麼，究竟「神化」的意思是什麼？「神化」與「氣化」的區別和關係為何？在〈太和〉篇中，張載說：「散殊而可象為氣，清通而不可象為神[61]。」這句話是他對於氣和神這兩個概念的籠統區別。他又說：

[59] 牟宗三，《心體與性體》（臺北：正中書局，1968，共三冊），冊 1，頁 437。

[60] 《張載集．正蒙．神化》，頁 16。

[61] 《張載集．正蒙．太和》，頁 7。

> 神，天德，化，天道。德，其體，道，其用，一於氣而已……氣有陰陽，推行有漸為化，合一不測為神……神化者，天之良能，非人能……惟神為能變化，以其一天下之動也。[62]

這幾句簡短的引語，指出張載所謂「氣化」和「神化」這兩個概念雖有分不開的關係，卻是不相同的。現在略述三點區別如下。

第一，氣化是包括宇宙一切有形有象事物的變化，神化卻限於無形無象的超越境界的變化。據張載的解述，氣化與神化的區別是：氣化為陰陽兩端的彼必相感，互相交替的必然規律，就是他所謂「由氣化，有道之名」[63]。意思是，道是宇宙的氣自然而然地在變化推行的過程中，因而道這個概念是從陰陽兩氣的變化得來的。但是，所謂神化是合一不可預測的，就是他所說的：「一物兩體，氣也；一故神（他自註：兩在故不測)。兩故化（他自註：推行於一）[64]。」由此可見，據張載的看法，氣是一物兩體，氣化蘊含著兩種互相對立事物的變化。神化是由兩體的互相感應而合一的。這種合兩體為一的變化就是神化。張載把所謂「一故神」的意思，以人的軀體作為比方說：

> 一故神，譬之人身，四體皆一物，故觸之而無不覺，不待心使至此而後覺也，此所謂「感而遂通，不行而至，不疾而速」也。物形乃有小大精粗，神則無精粗，神即神而已，不必言作用。[65]

[62] 《張載集．正蒙．神化》，頁 15–18。

[63] 《張載集．正蒙．太和》，頁 9。

[64] 《張載集．正蒙．參兩》，頁 10。

這段引語明白地指出，好像人身雖有不同部分，卻合為一整體，同樣地，宇宙間的事事物物，無論大小，都是神化的一部分。

再者，神化不僅是能夠合一，並且是不可預測。在這點上，張載也是吸取〈繫辭〉中所提的「陰陽不測之謂神」，即一切事物的變化都是極為複雜，不可預測的。他說：

> 語其推行故曰「道」，語其不測故曰「神」，語其生生故曰「易」，其實一物，指事而異名爾。[66]

就是說，雖則一切具體的變化是微妙不可預測，然而萬物的變化運行都遵循一定的規律。張載對於宇宙間事物千變萬化的觀察，必會對德國大哲學家康德 (Immanuel Kant，1724–1804) 所表白一句著名的話說：「在我上面佈滿著的星辰天空，與在我內心的道德律，使我充滿著難以形容的敬畏[67]。」加以讚許。康德這句話的涵義是，天空群星是宇宙的一個整體在變動中，每種事物都有其特殊和一定的規律。並且，人人都有道德義務感和行為的自由感。康德的問題是，如何把這兩個似乎不相干的範疇，即前者是根據宇宙的必然性，後者是人的抉擇性，調和起來。這兩位中西思想家，在他們的哲學觀點有許多不同處，可是對於宇宙整體運行的深奧，都認為是人能所難以形容，不可預測的。張載也正視著同樣的問題，即如何把他的宇宙觀和倫理學聯繫起來（這問題將在第三章討論）。

---

[65] 《張載集．易說．繫辭上》，頁 199–200。

[66] 《張載集．正蒙．乾稱》，頁 65–66。

[67] 見 *Critique of Practical Reason*，結語。康德死後，這句語刻在他的墳墓上。

第二，氣化和神化的區別可以從張載所說的指明：「神化者，天之良能，非人能……惟神為能變化[68]……天地之動，神鼓之也[69]。」明顯的，宇宙間的一切變化是由於神。這種說法，似乎和上面所提有關「氣」這個概念的第五特性（頁 40），即宇宙的氣本身是有活動性和自動力，能夠使一切變化和移動，互相矛盾。但是，張載清楚地說過：「凡圜轉之物，動必有機。既謂之機，則動非自外也[70]。」據他的看法，所謂神，並非指在宇宙間有一位創造萬物的主宰稱為神，而是神為一切變化的內在根源。這所謂神也就是他所謂氣的本來體性，他說：「氣之性本虛而神，則神與性乃氣所固有[71]。」他又說：「神，天德，化，天道。德，其體，道，其用，一於氣而已[72]。」由此可見，張載認為，神是天德，是體，是宇宙間萬物變化運行的根本。總之「神則主乎動，故天下之動，皆神之為也」[73]。他所謂化，是天道，是用，是宇宙一切變化運行過程的必然規律；但這裡的所謂化，是氣化，而非神化，就是他所說的「由氣化有道之名。」換句話說，據張載的立場，神化是氣在虛的狀態，即在「清通不可象」，無形的超越狀態；氣化是在實的狀態，即在「散殊而可象」，有形的現象狀態。雖則氣是氣，也不是神，神是神，而不是氣，然而神不能離開氣。因為宇宙間的一切事物，都是氣的運行變化，神和化也在氣這個概念統一起來了。這就是張載所

---

[68] 《張載集．正蒙．神化》，頁 17.

[69] 《張載集．易說．繫辭上》，頁 205。

[70] 《張載集．正蒙．參兩》，頁 11。

[71] 《張載集．正蒙．乾稱》，頁 63。

[72] 《張載集．正蒙．神化》，頁 15。

[73] 《張載集．易說．繫辭上》，頁 205。

謂「一於氣而已」。也可以說，神之所以為神，正是由於兩體（即屬於氣的陰陽、虛實、動靜、晝夜等兩體）的存在，而能夠使「兩在故不測」的涵意。

第三，上面已提過，張載認為，宇宙的一切事物都是依照必然的定律而運行變化，雖則陰陽兩氣的合一有不可預測的變化，即他所謂神化。但是，他再次強調，變化必須有兩相對立的存在，即他所說的，「兩故化」：「兩不立則一不可見，一不可見則兩之用息[74]。」他又說：「是知萬物雖多，其實一物；無無陰陽者，以是知天地變化，二端而已[75]。」意思是，假如沒有互相對立的兩方面，也就不能合成為一了。因而，陰陽兩氣的互相作用，互相感應，是引起無窮變化的根源。張載把變化再分為兩種，他說：「變，言其著；化，言其漸[76]。」變是指顯著的變化，化是指逐漸的變化。他說：

> 「變則化」，由粗入精也；「化而裁之謂之變」，以著顯微也。[77]

這句引語指明，張載吸收《周易》中所提的變化的涵意，加上了他自己的意見。就是說，由粗入精是由顯著的變化而成為逐漸的變化，並且逐漸的變化經過了某一階段，必然會引起顯著的變化。這兩種變化，即著變與漸化，是互相關係的。張載認為，無論是著變或漸

[74] 《張載集．正蒙．太和》，頁 9。
[75] 同上書，頁 10。
[76] 《張載集．易說．上經》，頁 70。
[77] 《張載集．正蒙．神化》，頁 16。

化，在宇宙間兩相對立的事物，必然歸於調和。他說：

> 氣本之虛則湛一無形。感而生則聚而有象。有象斯有對，對必反其為；有反斯有仇，仇必和而解。[78]

意思是，宇宙一切現象都有對立的兩方面，因而彼此相反，互相排斥，但結果必歸於互相和解。在這點上，張載與西方近代辯證論方法的鼻祖德人黑格爾 (1770–1831) 的觀點相似。黑格爾的著名辯證方法論是所謂正、反、合的邏輯三步驟。他認為宇宙間的自然界與人類社會，都可以用這個思想方法去解釋。一言概括之，據黑格爾的理論，真理是兩相對立，即正與合的綜合。這兩位中西思想家都確信，兩相對立的事物含著相反與相仇的矛盾，但這種辯證過程由正變為反，終歸必化成為和解的綜合。

還有，所謂變化是生生不息的，這點也是張載吸取《周易》經中所說的「語其生生故曰易」[79]。他在〈繫辭上〉的句上「生生之謂易」加以註解說：「生生，猶言進進也[80]。」意思是，宇宙間每一種事物與另一種事物，互相感通而產生又一種新的事物。所以，一切有形的物不斷地互相感應，而不斷地產生新的有形事物。這也就是〈繫辭下〉所提的「天地之太德曰生」[81]和「日新之謂盛德」[82]，生就是日新，進進的意思。

---

[78] 《張載集．正蒙．參兩》，頁 10。

[79] 《張載集．正蒙．乾稱》，頁 66。

[80] 《張載集．易說．繫辭上》，頁 190。

[81] 《張載集．易說．繫辭下》，頁 211。

[82] 《張載集．易說．繫辭上》，頁 190。

在上面（頁 27）曾提起現代英人懷德海的宇宙論理論，他認為自然界的一切事物都具有生機性、不斷地從過去到現在以及未來往前進展，並時時在創造新的事物的歷程中。他對於自己的這種思想曾經說：「這所謂生機哲學，一般地說，是與……中國思想較為相近，而不像西方……的思想[83]。」張載把中國傳統在《周易》經中所主張的宇宙論加以引伸和闡明，並根據氣這個概念作為解釋，宇宙間事事物物的互相交感而引起生生不息的作用。由此可見，這兩種宇宙論學說在大體上頗為相似。再者，這兩位中西思想家所共同著重的一點是，一切事物的變化的歷程，都是為著實現價值的歷程。因而，張載的所謂氣化和神化學說，雖則在一方面是用氣這個概念去解釋現象界的自然變化，然而在另一方面，他認為在人類社會，人生的最高目標應當尋求達到「窮理知化」的境界。張載的倫理學說將在下章討論。

## 六、總　結

無疑的，張載的宇宙觀是特別著重氣這個概念，因而被認為是唯氣論學說。但如牟宗三對張載在《正蒙．太和》篇中所闡述的觀點而評價說：「然以『野馬絪緼』來形容太和，則言雖不窒，而意不能無偏，蓋野馬絪緼是氣之事，若以氣之絪緼說太和，說道，則著於氣之意味太重[84]。」本冊筆者完全贊同牟先生的意見。雖則把張載稱為唯氣論者並非不恰當，然而上面已提過，他所以強調氣的用意：從反面看，是針對道學的「無」與佛教的「空」這兩個概念，

[83] *Process and Reality*, p. 11.

[84] 《心體與性體》，冊 1，頁 437。

據他的見解，各偏一邊的謬誤學說；並從正面說，是把他的宇宙實在性的觀念具體化了。總言之，張載的氣說對於以後哲學思想不能不說有其大的影響與貢獻（將在第五章討論）。

那麼，究竟張載的宇宙觀立場是一位唯心主義者，或唯物主義者，是一元論者，或二元論者呢？要回答這個問題，必須把所提這些主義先各下一個定義。唯心主義和唯物主義這兩個對立的哲學學派，早就在西方哲學史西元前第五世紀出現了。這兩學說的鼻祖是古代希臘的阿那薩戈拉斯（Anaxagoras，約 500–438 B.C.）與德謨克瑞特斯（Democritus，約 460–360 B.C.）。他們分別代表所謂唯心論與唯物論兩學派。前者認為宇宙的一切事物是由於原始的元素，阿氏所謂「種子」(seeds) 所構成的。但這些不可勝數的種子所以能夠變化移動，是由於一種稱為「奴斯」(nous) 或「心靈」(mind) 的指揮。「心靈」這個概念在以後兩千五百多年就發展為多種的唯心主義學說。從大體方面說，所謂唯心主義，就是任何哲學系統都以「心靈」為最基本的實體。相反的，德謨克瑞特斯卻主張，宇宙的一切事物的本原是他所謂「原子」(atoms) 與空間 (void or space)。一切的變化移動是原子本身的內在自動力，無須外來的任何動力。這就是唯物論理論的開端，在以後兩千多年的期間也有傑出的唯物主義者，雖則在西方的哲學史，一直到了十九世紀中，是唯心論佔了優勝的地位。那麼，所謂唯物主義，與唯心論正相反的，就是任何哲學系統，都以「物質」為最基本的實體。

現在回到張載的宇宙觀。嚴格地說，他不可以說是一位唯心主義思想家，因為按照上面對於唯心主義所下的定義，即心靈為自然界的最基本實體，這個定義蘊含著一重要的意思，就是說，自然現象世界的存在是依靠著心靈。反面地說，自然界不能離開心靈而獨立存在的。但這種看法正是張載對於佛教的主觀唯心論學說所反對的。正如禪宗的大師神秀（約 605–706）所說的：「心者，萬法之根本也，一切諸法，唯心所生。若能了心，萬行俱備[85]。」張載對於這種學說的反應是：「釋氏不知天命而以心法起滅天地，以小緣大，以末緣本，其不能窮而謂之幻妄，真所謂疑冰者與[86]。」據他的見解，宇宙的基本實體是他在〈太和〉篇中所說的：

> 天地之氣，雖聚散，攻取百塗，然其為理也順而不妄。氣之為物，散入無形，適得吾體；聚為有象，不失吾常。[87]

意思是，「天地」，「太虛」與「氣」都獨立存在，人是自然界萬物之一，也好像一切萬物一樣，由於氣的聚而產生的。在這點上，張載與先秦孔孟的思想有不相同處，即先儒以人類社會問題為他們的哲學的起點，而以自然世界的觀念作為扶助他們的倫理觀。但是，張載的宇宙論是以自然現象界作為他的哲學的開端，而把人認為是大自然的一重要部分。他所以與早期儒學家在這出發點上兩樣，原因是如在上面已經提過的，張載在當時所正視著的問題，不僅是在不同的政治社會情況下，更加嚴重的，是思想上的問題，即佛教的形而上虛無主義的挑激。為此，在他的哲學思想系統，張載首先強調客觀宇宙不依靠人的心靈意識，而獨立存在，這就是說，他的宇宙論理論與主觀唯心主義在這點上是不相同的。

張載的宇宙論學說也被解釋為唯物主義的觀點。但是，至少從

---

[85] 《觀心論》。

[86] 《張載集．正蒙．大心》，頁 26。

[87] 《張載集．正蒙．太和》，頁 7。

兩方面看，他也不可說是一位唯物主義者，因為唯物主義的定義是以「物質」為宇宙的唯一實體。這所謂宇宙的實體是以「物質」，作為解釋一切事物（無論有生命或無生命的）的基礎。但張載的看法和這種所謂唯物論的涵意不同。第一，物質這個概念蘊含著一種機械性和不可象的意思，好像十七世紀唯物主義者英人霍佈斯 (Thomas Hobbes，1588–1679) 所主張的一樣，即一切存在只是物體和移動。但張載再次強調，宇宙的實體是氣或太虛，這基本實體不是機械性，也不是僅僅一個抽象的概念在不可象的狀態而已。第二，按照唯物論的含意，宇宙界並沒有任何價值或倫理道德的涵義，並且人類社會歷史只是以經濟物質因素去解說。但張載吸收中國傳統思想，認為宇宙充滿著倫理道德的價值。在他的《易說．上經》中的開頭句是「乾，元亨利貞」，他註說：

> 乾之四德，終始萬物，迎之不見其首，隨之不見其後，然推本而言，當父母萬物。[88]

另一句引語是，

> 元者，善之長也；亨者，嘉之會也；利者，義之和也；貞者，事之幹也……君子行此四德者，故曰「乾元亨利貞」。(張載註說：）仁統天下一善，禮嘉天下之會，義公天下之利，信一天下之動。[89]

---

[88] 《張載集．易說．上經》，頁 69。

[89] 同上書，頁 71–72。

由此可見，張載的氣論學說與西方的唯物主義或自然主義（這兩種主義的名稱有時候可以併用，因為自然主義是以自然為整個的實體），大不相同。一言概括，西方的所謂唯物主義是，宇宙不屬於道德倫理的範疇；張載卻確信，宇宙自然界具有道德性，並其道德性是人所應當倣效，把仁義禮智等美德在行為上表彰出來。

現在再問，張載的宇宙觀氣論是一元論或二元論呢？學者在這個問題也有不同的意見。所謂一元論，意思是宇宙的基本實體只是一元的，無論這唯一的實體有多少屬性，這些屬性都是這一個基本實體的特性。在西方的第一位一元論倡導者是古代希臘的巴門尼德斯（Parmenides，約 544–501 B.C.）。他認為宇宙的唯一實體是所謂「有」，「有」是無始無終，是永恆存在的。在近代的一元論者是十八世紀的猶太思想家斯賓諾莎 (Baruch de Spinoza，1632–1677)。他的哲學系統是稱為「本體的哲學」(Philosophy of Substance)。據斯氏的見解，宇宙的唯一實體是他所謂「本體」或「上帝」。這個本體是自因、自明，並可以解釋大自然界的一切事物。雖則這個本體有了無數的屬性，然而只有兩種屬性是人所能夠認知的，即「心靈」(mind) 與「物體」(body)。這兩種屬性的關係是，好像一個銅幣的兩面，不可能分開而獨立的。斯賓諾莎這種看法的用意是，試圖解決法國思想家笛卡兒 (René Descartes，1596–1650) 的二元論。據笛氏這位西方近代哲學的創始者所主張的「心靈」與「物體」是兩不相干的概念，前者是屬於思維的領域，後者是伸展在空間的範疇。所謂二元論是，在任何領域，無論形而上學、知識論或宗教，有了兩種獨立的基本本體。實際上，在西方哲學史最早的代表哲人是柏拉圖的所謂理形世界 (The Intelligible World) 與物質世界 (The Physical World) 這兩個世界；笛卡兒的著重點是在心靈與物體這兩個概念；以後又有康德的所謂「本體世界」(The Noumenal World) 與「現象世界」(The Phenomenal World) 這兩個世界。雖則這三位西方大哲人的哲學思想和方法各不相同，然而他們的一共同點是，這兩種世界或概念是彼此獨立、兩不相干的。

但是，張載的氣論所含著的意思，與所提的這三位西方二元論者所主張的共同點，卻不相同。他明確地說：

> 知虛空即氣，則有無、隱顯、神化、性命、通一無二[90]……一物兩體，氣也；一故神，兩故化[91]……有無虛實通為一物者，性也……惟屈伸、動靜、終始之能一也……二端故有感，本一故能合。[92]

這幾句引語說明，張載不是站在二元論的立場。因為，他認為宇宙的自然界基本實體是氣或太虛。這唯一實體的特徵是遵循陰陽兩端的變化規律，而能夠由隱而顯，由顯而隱；由升而降，由降而升；由屈而伸，由伸而屈；由動而靜，由靜而動等等，永久地在千變萬化的歷程中。

雖則張載對於斯賓諾莎的本體一元論會加以賞識，即後者所主張的「自然」或「本體」的統一與普遍性，可是他不會贊同斯氏對於笛卡兒二元論的解答，因這種答案蘊含著過於偏重機械固定性的意思。張載承繼中國傳統思想，並特別看重氣這個概念作為他的宇宙觀的基本實體。明顯的，他認為氣這個概念蘊涵著他所闡述的重

---

[90] 《張載集．正蒙．太和》，頁 8。

[91] 《張載集．正蒙．參兩》，頁 10。

[92] 《張載集．正蒙．乾稱》，頁 63。

要意義，即氣是不斷地在變易的歷程中，遵循陰陽兩端的變化規律，使一切事物由有而無，由無而有，生生不易；並且，更為重要的是，由於氣的內在原有的「虛」這特性，而事事物物能夠發生互相感應的作用。

總言之，張載的氣論學說，從廣義方面說，與上面所提懷德海的宇宙論理論較為相近。懷氏在早年的時期是站在實在主義的立場，即認為宇宙間的外界物是獨立存在，人是在這自然世界裡面，而非自然界在人的心靈裡。但以後他的思想傾向唯心主義，即認為，人雖是在自然世界裡面，可是自然世界也是在人的心靈裡面。因而，可以說懷德海是一位實在主義者兼唯心主義者。張載在大體上會贊同懷德海的實在論見解，即認為宇宙的一切事物，是不依靠心靈意識而獨立存在，人是宇宙界的一部分。但是，據張載的宇宙觀，自然世界與人的心靈是息息相關的，為此，自然界也是在人的心靈裡面。那麼可以說，張載的氣論學說是有實在主義的意味以及唯心主義的傾向。可是歸根結底，張載的哲學思想雖以宇宙觀為出發點，卻是為著闡釋他的倫理學說，這就是第三章的討論課題。

# 第三章　張載的倫理學

## 一、倫理學的問題

倫理學說是張載哲學系統的核心，上面已解釋他對於宇宙自然界的見解是站在實在主義的立場，即認為自然世界的實在性並是獨立存在。更加重要的是，他根據這種實在論的觀點作為闡明他的倫理學說的開端。首先，倫理學所關切的是一些什麼問題呢？廣義地說，倫理學（也稱為道德哲學）是對於人生的理想或至善，與道德義務包括行為是非的判斷，加以探討。這兩個重大問題，前者是關於所謂「善」或人生的最高目標是什麼？後者是著重在所謂道德義務如何解釋，以及如何判斷道德行為的是非。這兩方面的倫理問題是互相關係的。

張載的倫理觀基本上是承繼先秦儒家的傳統思想。儒家的鼻祖孔子在中國倫理學史的重要性，可以說是完成了繼往開來的雙層意義。從繼往方面說，他集成以往兩千餘年的倫理思想的菁華；從開來方面說，他採取「有教無類」的教育政策在民間普及化，而把中國兩千五百多年來的倫理觀和道德生活，建立在鞏固的基礎上。孔子所處的時代，孟子給予簡而明的描寫說：「世衰道微，邪說暴行有作，臣弒其君者有之，子弒其父者有之❶。」在這種政治社會混亂的情況中，孔子認為自己的使命是必要適應時代的需要，而不能逃避現實離開人群。在《論語》書中記載他對門人子路說：「鳥獸不可與同群。吾非斯人之徒與而誰與？天下有道，丘不與易也❷。」這

---

❶　《孟子．滕文公下》，III 下 9。

句話指明他的人生理想是本著入世的積極人生觀，企圖能夠使「老者安之，朋友信之，少者懷之」❸的理想社會，實現在人間世。因而，他強調「仁」這個概念作為新道德的標準。他所謂「仁」，就是「人」的意思，具有最高尚包涵性的倫理理想。簡言之，孔子不僅僅是儒學倫理理論的首創人，並且是中國最偉大的道德實行者，因而被認為「至聖先師」與「萬世師表」，這是名副其實的尊稱。

戰國時代 (403–221 B.C.) 是中國文化史上最燦爛的一個時代。跟著孔子這位偉大道德先鋒者，不同的倫理學學派先後興起。當時對於孔子的倫理觀站在批評的立場是墨子（翟，約 465–385 B.C.)。墨子倡導「兼愛」為救世大道，從目的方面看，他與孔子並無差異。他說：「故天下兼相愛則治，交相惡則亂❹。」可見這兩位先秦思想家，都是企圖對於當時政治社會的紛亂，尋求答案為目標。但是，他們的救世方法卻大不相同。墨子認為孔子所談的「仁」，是一種有區別的愛，如愛自己的家庭要勝過別人的家庭。因而，他提倡「兼愛」，即要把別人的家庭普遍地視為自己的家庭一樣。還有，據墨子的看法，人生的理想是以尋求「利」和避開「惡」為最高層，他說「利，所得而喜也」、「害，所得而惡也」❺這種學說與西方十九世紀的英國的樂利主義頗為相近。這學派的創始人本丹姆 (Jeremy Bentham，1748–1832) 及其承繼人米爾 (John Stuart Mill，1806–1873) 認為人生的最高目標是尋達所謂「最大的快樂為最大多數人」。相似的，墨子所強調的「兼愛」和「共利」學說，即大眾的利

---

❷ 《論語．微子》，18．6。

❸ 《論語．公冶長》，5．26。

❹ 《墨子．兼愛上》。

❺ 《墨子．經上》。

益，蘊含著同樣的意思，兩學派都是一種集體的道德倫理觀。

與墨子的集體倫理理論站在對立的立場，是楊朱（西元前約第四世紀）所主張的個人快樂主義。在《列子》書中包括〈楊朱〉篇，因為是在魏晉期間（220–420 年）所寫的，對於篇中所說的極端快樂主義觀點，被認為是不可靠的❻。但是在《孟子》書中，對於楊朱與墨子分別的見解，以及對於兩學派的攻擊，有了簡明的記錄。孟子說：

> 楊朱、墨翟之言盈天下。天下之言，不歸楊則歸墨。楊氏為我，是無君也；墨氏兼愛，是無父也；無父無君，是禽獸也……楊墨之道不息，孔子之道不著，是邪說誣民，充塞仁義也……能言距楊墨者，聖人之徒也。❼

孟子又說：

> 楊子取為我，拔一毛而利天下，不為也。墨子兼愛，摩頂放踵，利天下，為之❽……逃墨，必歸於楊；逃楊，必歸於儒，歸，斯受之而已矣。❾

這幾句引語透澈地指明，孟子認為，墨子的兼愛論學說和楊朱的個人快樂主義學說，都是當時倫理道德思想的公敵。

---

❻ 馮友蘭，《中國哲學史》（商務印書館，1947，第 11 版），上冊，頁 168。

❼ 《孟子・滕文公下》，III 下 9。

❽ 《孟子・盡心上》，VII 上 26。

❾ 《孟子・盡心下》，VII 下 26.

在西方上古倫理學史，湊巧地在幾乎同時候，也有和楊朱所主張的個人快樂主義相似的學派，即所謂伊壁鳩魯主義。這個學派的首創人是伊壁鳩魯（Epicurus，341–270 B.C.）。從本體論說，伊氏認為宇宙是原子 (atoms) 所組成的，即一種機械唯物主義。從倫理理論說，他主張人生的最高目標是尋求個人的快樂。因為他強調，個人內在的寧靜快感，而非物質方面的享樂，為實踐生活的準則，他這種人生理想觀曾經影響拉丁詩人魯克瑞夏斯（Lucretius Carus，91–51 B.C.）的享樂主義人生觀。

在當時與儒墨這兩倫理學派同樣地盛行的，是所謂道家，即老子和莊子的思想，分別在這兩部戰國時代的產物，《老子》與《莊子》書中闡明。老莊的倫理道德觀是代表當時的道學隱士思想。「道」這個概念，在《老子》經中可以總結於這一句話：「天下萬物生於有，有生於無⑩。」這就是張載對於先秦道家宇宙觀所批評的重點。《老子》作者又說：「小國寡民……使人復繩而用之。甘其食，美其服，安其居，樂其俗，鄰國相望，雞犬之聲相聞，民至老死，不相往來⑪。」這就是《老子》所理想的人生觀，以遁世的態度視為挽救當時的混亂大局。

莊子在其著作中充分表現他的藝術天才，他所追求的人生理想因而也藝術化了。雖則他在書中稱引孔子，然而莊子並不看重儒學的積極道德行為，而是以逍遙自放的態度，成為真人的目的，他說：

> 何謂真人？古之真人，不逆寡，不雄成，不謩士。若然者，過而弗悔，當而不自得也，……登高不慄，入水不濡，入火

⑩ 《老子》，章 40。

⑪ 《老子》，章 80。

不熱。是知之能登假於道者也若此。……古之真人，不知說生，不知惡死。[12]

這就是莊子對於真人所描寫的。意思是，一個平凡人達到他所謂真人的境界，這個人對少數人不逆犯，不驕傲自己的成就，不設計迎合其他學派的觀點。這樣，做過錯事不懊悔，做對了事不得意，登高處不害怕，入水裡不浸濕，進火裡不覺燙。一個所謂真人，既不知生為可歡，也不知死為可惡。這種超然、藝術化的隱士思想，在中國文化史，尤其在衰世的局面，卻發生很大的影響。

在西方哲學界，對於老莊思想發生興趣的學者頗不乏人。老子的自然主義和汎神論曾被認為與斯賓諾莎相似。雖則老子與斯氏的哲學方法大不相同，可是他們都認為，人生至善是把握住永恆無限的自然界，並都著重個人自由，以解脫物質生活的纏繞為是。莊子曾被認為與十九世紀具有藝術天才的德國思想家尼采 (Friedrich Nietzsche，1844–1900) 相比。因為尼采強調，人生的理想是追求成為超人 (superman)。所謂「超人」，是超乎平凡人的各種缺陷，而達到最高峰，具有勇敢、冒險、獨創的精神。尼采的「超人」和莊子的「真人」，可以說在性格方面頗為相似。

孔子死後，他的門人承續以講學為職業，散游各處，按《史記》中的記載：「孟子荀卿……以學顯於當世[13]。」現在把這兩位孔子的繼承者簡單介紹，孟子是受業子思（孔伋，孔子的孫子）的學生。他一生的抱負是，他說：「乃所願，則學孔子也[14]。」孟子生在戰國

[12] 《莊子．大宗師》。

[13] 《史記．儒林列傳》，卷 121。

[14] 《孟子．公孫丑上》，II 上 22。

中期，世局更加混亂的時代。他對於當時所盛行的學風，即墨子的兼愛學說，楊朱的個人主義，和告子的人性論觀點，認為都是邪說，而加以排斥。為此，他倡導所謂性善的學說，並把孔子所著重的「仁」這個倫理概念，加以引伸和闡釋。在他書中的名句說：「惻隱之心，仁也；善惡之心，義也；恭敬之心，禮也；是非之心，智也。仁，義，禮，智，非由外鑠我也，我固有之也⓯。」他確信，因為人的本性是善，所以人人都可以成為聖人，好像堯（約 2357–2256 B.C.）舜（約 2255–2206 B.C.）這兩位傳說的皇帝一樣。這個性善學說是孟子的新貢獻，雖則他的倫理思想是吸取孔子對於人世界的積極道德行為，作為人生的最高目標，並加以擴充和系統化。

荀子生在戰國末期，在他的〈解蔽〉篇中，他對於當時流行著的學派，即墨學、法家（慎到，約 350–275 B.C.）、名家（惠施，約 380–305 B.C.），與莊子，批評說：「墨子蔽於用而不知文……慎子蔽於法而不知賢……惠子蔽於辭而不知實，莊子蔽於天而不知人……觀於道之一隅，而未之能識也⓰。」這句引語指出，荀子認為這四學派所主張的「道」，都是偏向一方面而已。就是說，墨子為實用所蔽，而弗視禮文；慎到為刑法所蔽，而弗視賢者；惠施為辭句所蔽，而弗視真實；莊子為天道所蔽，而弗視人為。在荀子心目中，惟有孔子所講的道是不蔽的。他說：「孔子仁知且不蔽，故學亂術，足以為先王者也⓱。」意思是，孔子的「仁」說具有全面的道德觀，而不受蒙蔽，因而他以學習為治天下的方法，可以與先王相比。由此可見，荀子好像孟子一樣地尊重孔子的倫理道德觀。但是，

⓯ 《孟子．告子上》，VI 上 7。

⓰ 《荀子．解蔽》。

⓱ 同上註。

這兩位孔子思想的繼承者，在人性論上卻恰恰相反。孟子主張人的本性為善，荀子卻認為人的本性為惡。在〈性惡〉篇中，荀子說：「人之性惡，其善者，偽也⑱。」所謂「偽」是，道德是人為的，非孟子所認為是人固有的。荀子又說：「凡古今天下之所謂善者，正理平治也；所謂惡者，偏險悖亂也。是善惡之分也已⑲。」這兩種善惡論的學說似乎是水火不相容的，即孟子主張人有先天的良知良能，而荀子卻著重善是由於道德行為所引起社會安定的結果。

在西方倫理學史，對於人性惡論最直言的是十七世紀的英人霍佈斯。他認為人的天性是自私，各人僅為自己的生存計而鬥爭，因而在自然的狀態戰爭是不可避免的。但他這種極端的性惡觀，卻被十八世紀在英國所謂「道德感」學派所反對。這學派的代表倫理學家是巴特拉耳 (Joseph Butler，1692–1752)。他認為人性具有一種道德感或良心，能夠辨別是非以及指揮踐行正當道德行為。

總之，孟子與荀子雖在人性論持著相反的見解，他們都站在孔子的倫理立場，強調以積極的道德人生目標，適應人類社會的問題，並深信人人經過道德修養工夫，都可以成為聖人。這兩位先秦儒家在人性論上的爭論，在宋明的新儒學由所謂程朱與陸王兩學派繼續地爭辯。馮友蘭曾經把孟子與荀子，孔子後的兩位儒家大師，在中國哲學史中的地位，分別好比西洋哲學中的柏拉圖與亞里斯多德；前者傾向軟心或唯心論，後者傾向硬心或唯物論⑳。無疑的，孟子

---

⑱ 《荀子．性惡》。

⑲ 同上註。

⑳ 馮友蘭，《中國哲學史》，上冊，頁 140, 352。這兩個名詞，軟心派 (tender-minded) 和硬心派 (tough-minded) 是他從美國實用主義者詹姆士 (William James, 1840–1910) 借來的。詹氏把哲學的觀點總分為這兩型，軟

與荀子在中國思想史各有其重要的地位，但對於張載影響最大的，是孔孟的倫理思想。

上面已把中國在先秦時代的主要倫理學學派大綱式地略述，並把西方相近的倫理觀並提。現在回到張載的倫理學。為著適應他所處的時代的特殊需要，他認為唯有回歸孔孟的積極道德人生觀，才能夠挽救當時佛道這兩倫理學派，對於個人與社會道德所產生的不良影響。因而，他自己的座右銘，也就是常被引用的名句，是「為天地立心，為生民立道，為去聖繼絕學，為萬世開太平」[21]。所謂「為往聖繼絕學」，就是孔孟的倫理道德學說。他又說：「此道自孟子後千有餘歲，今日復有知者。此道……既使人知之，似有復明之理[22]。」這也就是他認為自己的使命，從消極方面說，是排斥佛家的幻夢人生觀以及道家的尋求永生不死觀；從積極方面說，是重建先儒的正面道德人生哲學。

## 二、張載的闢佛道兩教

在張載的著作中，對於佛教倫理學說所批評的話很多，現在抄錄其中的一段：

> 自其（佛）說熾傳中國，儒者未容窺聖學門牆，已為引取，淪胥其間，指為大道。乃其俗達之天下，至善惡，知愚，男女，臧獲，人人著信。使英才間氣，生則溺耳目恬習之事，

心型和硬心型。

[21] 《張載集．近思錄拾遺》，頁 376。

[22] 《張載集．經學理窟．義理》，頁 274。

> 長則師世儒宗尚之言，遂冥然被驅，因謂聖人可不修而至，大道可不學而知。故未識聖人心，已謂不必求其迹；未見君子志，已謂不必事其文。此人倫所以不察，庶物所以不明，治所以忽，德所以亂，異言滿耳，上無禮以防其偽，下無學以稽其弊。自古詖、淫、邪、遁之詞，翕然並興，一出佛氏之門者千五百年，自非獨立不懼，精一自信，有大過人之才，何以正立其間，與之較是非，計得失！㉓

張載這段話尖銳地抨擊佛教的重要點是，第一，自從佛教好像火熱一樣傳入中國以來（約在西元第一世紀），儒學學者不再應許自己進入儒學門牆，反被吸引而把佛教教義視為大道。第二，佛教的影響傳遍全國，不單是大批的平民群眾成為信徒，甚至有些知識份子、英雄豪傑，也因受了當時普遍的風氣所影響，而皈依佛教並認為不必經過修養工夫便可成為聖人，不必學習聖人的思想便能夠明瞭大道。第三，個人道德與社會人倫因而混亂了，在上沒有禮儀以防避虛偽，在下沒有真正的學術以審查缺陷。第四，過去一千餘年的長期間，一偏、荒謬、異端、欺騙等學說，都跟著佛教而興起。第五，在這種情況中，必須本著獨立、不懼，與自信的精神，才有希望把是非、善惡加以辨別。

上面的引語表示，張載不妥協地排斥佛教為一種個人和社會道德勢不可擋的破壞勢力。事實上，他並非首位反對佛教的學者，因為在兩世紀多以前，已有在他之先的批評家公開地攻擊佛教，韓愈為其中之一。韓愈曾經因激烈反佛而付出巨重的代價（第一章，頁13–14）。他對於佛教的批評的主要理由，它是從印度傳入的宗教。

㉓ 《張載集 · 正蒙 · 乾稱》，頁64–65。

他這種抗外，或愛國情緒大概為張載所同感的。因而，他們都包括在促進儒家經典復興的實現之先鋒者運動中。但是，張載是第一位宋新儒家，以哲學思想為基礎的理由，在一方面，對佛教教義加以反對，在另一方面，對於儒學倫理道德的再生加以強調。

張載反對佛學形而上學為虛無主義宇宙觀的理由，在上面（第二章，頁 45–46）已經討論過。現在，據他的意見，佛教倫理學的毛病是什麼?張載對這個問題的回答是，假如倫理這個名詞的定義，是對於道德問題和判斷的哲學思考，佛教並不是一種倫理學說，因為道德倫理在佛教教義僅是宗教的侍女，就是說，道德是為侍奉宗教的。張載認為，佛教只是提供一套老教條與戒律使信徒服從而已，在實踐上已變成一種流行的迷信。這種盲目的信仰在當時的民眾，無論知識份子和文盲群眾，都視為是無可疑惑的真理。因而，他認為當前的嚴重思想問題是，佛教信徒把虛無的人生觀相信為真理，而失掉任何道德問題的意識。張載在氣這個概念上重複地爭辯宇宙的實在性，雖則一切事物都不斷地在變化中；同樣的，處在宇宙間的人也是實在的。因此，相信人生是幻夢，就等於相信那與實證相反的為真理，這僅僅是一種迷信而已。此外，佛教的所謂羯摩（karma，因果報應）和再身（reincarnation，輪迴）的教義，即相信個人靈魂的存在，一樣的缺乏證據的一種信仰。換句話說，張載的爭辯是，把可證實存在著的今生視為幻夢，與把不可證實存在著的來世視為真實，這是兩相矛盾的命題。反面地說，據張載的看法，既然如佛教所相信的，今生是幻夢的，而靈魂在軀體死後繼續存在，是前後不一貫的信仰。張載所主張的是，一種信仰必須建立在有證據的基礎上，才是可靠、有意義的。兒女相信父母的愛，是一種有證據的信仰的例證。

張載譴責當時盛行著的被動跟從風氣，是思想進步的主要障礙。他乃強調獨立的思想和批評的態度，以及反省和懷疑的方法為哲學探索的主要因素，他說：「可疑而不疑者不曾學，學則須疑[24]。」張載的懷疑方法論與西方十七世紀思想家笛卡兒可相比較。這兩位哲人生在完全兩樣的文化背景和不同的時代，卻有一共同的哲學觀點，就是反對當時所盛行的宗教信仰，被無疑地視為自然如是的。他們都認為，懷疑主義只是哲學探索的開端和方法，不是終結和目標。張載在儒家經典以及佛道兩學派的文獻，是一位有研究的學者，對於當時所具有的書本知識的價值，極為重視。但是，這方面正是佛學禪宗所弗視的，因禪宗教義的四點格言為，心心傳授，不立文字，直指人心，見性成佛。這是一種主觀相對主義，而把客觀的道德標準置之不論。為此，張載在他的著作中常常提醒讀者，信仰需要了解，了解需要學習，學習需要懷疑。他所關注的是，在佛教影響之下，道德倫理都已混亂了。雖則有所謂道德相對論的主張，張載明顯地確信，在宇宙間有一種客觀，可以普遍地適用的道德規律，原則與理想的存在。簡言之，據張載的觀點，佛教是一種虛無主義。從宗教方面看，佛教是看重來世；從倫理方面看，它是一種逃避主義，並已於以往千餘年期間把儒學的倫理價值奪去了。現在應當把那以人生在世，非人死後的觀念為首要關切的儒學，重新復興起來。張載自己的倫理學就是以這種積極的觀點為基礎。

雖則張載的倫理學說是針對佛教的虛無主義，可是他一樣地對於東漢末期以後盛行的道教人生觀，即以尋求長生不死為人的主要目標，加以嚴厲的批評。他說：

---

[24] 《張載集．經學理窟．學大原下》，頁 286。

> 萬物不能不散……循是出入，是皆不得已而然也……彼語寂滅者往而不反，徇生執有者物而不化，二者雖有間矣，以言乎道則均焉。㉕

意思是，佛教信徒主張虛無寂滅，因不懂得太虛的氣不能不聚而成為萬物；同樣地，道教信徒追求長生不死，認為有形的物體可以永存不變，因不懂得萬物不能不散而成為太虛。佛道這兩種看法雖大有差異，即佛家要逃避今生與道家要長生不死，然而兩者都是不懂得天地氣化的道理。這裡所提的道教和先秦的老莊道學是兩不相同的學派，因為後者認為，人生的目標是拋棄人世間的文明，以回歸大自然界為救世之道；前者卻著重尋求長生的方法。道教代表人葛洪（約 250–330 B.C.），在他的巨著《抱朴子》，幾乎是一部成仙的百科全書。他說：「夫陶冶造化，莫靈於人。故建其淺者，則能役使萬物；得其深者，則能長生久視㉖。」無疑的，張載同意道教教徒，對於今生應該加以珍惜愛護。但是，生死、長壽夭折，他承續傳統儒學的實在主義思想，而把此問題由天命掌權，因這非人所能左右的。

## 三、〈西銘〉

在張載的著作中，〈西銘〉是中西哲學界所周知的名著，其重要性可以從幾種外文的翻譯證明了㉗。這篇論文一共只有二百五十三

㉕ 《張載集．正蒙．太和》，頁 7。

㉖ 《抱朴子》，卷 3。

㉗ 較早的英文翻譯：P. C. Hsu, *Ethical Realism in Neo-Confucian Thought*

字，但其內容包括張載的倫理中心思想和人生理想[28]。原來這篇論文是在〈乾稱〉篇中前段，題名為〈訂頑〉，貼在他書房的西窗上，後段題名為〈砭愚〉，貼在東窗上。當時受了兩表侄二程兄弟所特別賞識，程頤把〈訂頑〉改稱為〈西銘〉，〈砭愚〉改稱為〈東銘〉。後來朱熹從〈乾稱〉篇分出成為獨立第一篇，並另作註解。現在的新編《張載集》再把〈西銘〉歸併在《正蒙．乾稱篇第十七》的前段。現把全文徵引以便加以解釋。

> 乾稱父，坤稱母；予茲藐焉，乃混然中處。故天地之塞，吾其體；天地之帥，吾其性。民吾同胞，物吾與也。大君者，吾父母宗子；其大臣，宗子之家相也。尊高年，所以長其長；慈孤弱，所以幼其吾幼。聖其合德，賢其秀也。凡天下疲癃殘疾，惸獨鰥寡，皆吾兄弟之顛連而無告者也。于時保之，子之翼也；樂且不憂，純乎孝者也。違曰悖德，害仁曰賊；濟惡者不才。其踐形，唯肖者也。知化則善述其事，窮神則

---

(Beiping, 1933).

法文翻譯：C. de Harlez, *Le Si-Ming, Traite philosophique de Tchangtze,* avec un double commentaire, traduit pour la premiere fois (VIII Congress International des Orientalistes, 1889), pp. 35–52.

德文翻譯與詳細學術註解：Werner Eichhorn, "Die Westinschrift des Chang Tsai, ein Beitrag zur Geistes-geschichte der Nördlichen Sung," *Abhanglungen für die Kunde des Morgenlandes 22*, No. 7 (1937), pp. 1–93.

最近日本翻譯：山根三芳，《正蒙》（明德出版社，1970）。

[28] 本章所討論關於張載的倫理觀，一部分是筆者在 1971 年所發表的英文論文中，見 Siu-chi Huang, "The Moral Point of View of Chang Tsai," *Philosophy East and West*, Vol. 21, No. 2 (April 1971) pp. 143–156.

> 善繼其志。不愧屋漏為無忝，存心養性為匪懈。惡旨酒，崇伯子之顧養；育英才，潁封人之錫類。不弛勞而底豫，舜其功也；無所逃而待烹，申生其恭也。體其受而歸全者，參乎！勇於從而順令者，伯奇也。富貴福澤，將厚吾之生也；貧賤憂戚，庸玉女於成也。存，吾順事，沒，吾寧也。[29]

在這篇短文的開始，張載率直地表明，天是人類的父親，地是人類的母親。這句話蘊含著雙層的意思，就是說，宇宙間的天地不僅僅是真實的，並且是人類的由來。他把天地稱為人類的普遍父母的斷言，顯然的，其目的在於反對佛教否定宇宙與人生之實在性的形而上學。張載在這點上是吸取《周易》經中所提的乾坤分別稱為父母的意義。人雖是天地所生的，既微又小，卻處在其間的中心點。因而，人的軀體充塞天地之間，並人所稟受的天性掌握天地，而有了任務與天地合德。

既然天地應視為人類的父母，明顯的，天下的人類都是同胞，天下的物也都是同類，因而應以同胞同類相待。對於張載的這點看法，當時曾經有程頤的門人楊時（號龜山，1053–1135）表示懷疑。楊時把張載所主張的與墨子的兼愛學說認為沒有區別。但是程頤解答說：「〈西銘〉著重理一分殊，故與墨子兼愛之說不同[30]。」朱熹對於楊時的懷疑也註說：「〈西銘〉大綱是理一，而分自爾殊。然有二說，自天地言之，其中固自有分別，自萬殊觀之，其中亦自有分別，不可認是一理了，只滾做一看，這裡各自有等級差別，且如人之一家，自有等級之別……龜山疑其兼愛，想亦未深曉〈西銘〉之

[29] 《張載集．正蒙．乾稱》，頁 62–63。

[30] 《張子全書》，卷 1，頁 9–10。

意[31]。」程朱所謂理一分殊，他們都認為天地為人類的普遍父母，有生之類都是同胞同類，這就是理一，但人倫間有所謂各親其親，各子其子的差別，因而不能沒有分殊。總之，張載的愛說與墨子的兼愛學說是兩不相同。就是說，據張載的見解，愛是有差等，對待同胞也有分別。敬老慈幼，及時表示關懷在各種不同苦難中的同胞，就是敬畏人類的同一父母，即天地。類似這種孝敬的行為，能夠使人樂而不憂。相反的，若果不順從這個道理，便是違背德性；傷害仁的人，便是賊仁；援助任何邪惡事故，便是缺乏公正判斷的能力。

還有，張載認為，人要了解宇宙的變化原則，才能夠發揚天地的事業；人要明瞭天地的「心」，才能夠繼承天的意志。在這裡他舉出歷史上所記載的幾位人物為例證。所謂「不愧屋漏為無忝」[32]的意思是，一個人沒有做過虧負良心的事，對天地即無任何羞愧之感。人應當存心養性，不粗心大意。崇伯（禹王的別名，約 2205–2197 B.C.），為著孝敬父母而不飲酒[33]。在《左傳》中所記載的潁考叔，他教育英才為使同類成為天之孝子[34]。舜（約 2255–2205 B.C.）盡其孝道以使他的頑父快樂[35]。申生為後母欺詐控告要毒害他的父親晉獻公（約 676–651 B.C.）而自殺，這就是恭順天命之例。孔子的弟子曾參死也無瑕疵。尹伯奇被稱為西元前第九世紀的英雄，因他繼母的唆使，被父親所逐而勇敢地遵令。這些例子似乎都是孝親。但如朱熹的注解所說的：「（〈西銘〉）是以父母比乾坤，主意不是說

[31] 《張子全書》，卷 1，頁 4。

[32] 《詩經》，第 256。

[33] 《孟子．離婁下》，IV 下 20。

[34] 《左傳》，卷 5．4。

[35] 《孟子．離婁上》，IV 上 28。

孝，只是以人所易見者，明其所難曉耳㊱。」就是說，張載是把孝親的例子來形容仁這個傳統儒學的倫理概念。二程也說：「〈訂頑〉（即〈西銘〉）一篇，意極完備，乃仁之體也㊲。」

張載在〈西銘〉的結束語，充分地表示他的人生觀，是繼承傳統儒學的積極態度。一個人在富裕的情況中，可以增加生活的舒適；但在貧困的時候，可以鍛鍊一個人的高尚品格，那麼，活一天，就應盡一天的任務。死一來臨，便可安息了。這種「聚亦吾體，散亦吾休」㊳的態度，與道教的追求長生，即所謂「循生執有者，物而不化」㊴，以及與佛教的尋求無生，即所謂「語寂滅者，往而不返」㊵完全不同。這就是張載反對佛道兩教的道德觀的理由所在。

在西方倫理宗教史的文獻，和〈西銘〉可以相比的，或許是基督教耶穌的〈登山寶訓〉㊶。雖則他們的宗教哲學兩不相同，因為耶穌基督的道德倫理觀，是建立在信仰上帝為世人天父的超自然神學基礎上，張載的倫理學卻是建立在自然界實在論的基礎上，可是張載在〈西銘〉篇中，充分地表現基督耶穌在〈登山寶訓〉中所闡揚的博愛利他主義，即以仁孝為道德生活的基本原則。

---

㊱ 《張子全書》，卷 1，頁 16。

㊲ 《程氏遺書》，第 2 上。

㊳ 《張載集．正蒙．太和》，頁 7。

㊴ 同上註。

㊵ 同上註。

㊶ 《新約聖經．馬太福音》，章 5–7。

## 四、「天地之性」與「氣質之性」

在這個宏大的宇宙間，人雖只是微小的動物，卻處在一切生物的最高地位。那麼，究竟人是什麼，使他能夠占領在宇宙的中心點呢？張載的回答是，人是唯一賦有「天地之性」與「天地之心」的動物。關於「天地之心」將在第四章知識論討論，現在先把張載有關於「性」這個概念的幾句重要話引出，他說：

> 合虛與氣，有性之名[42]……形而後有氣質之性，善反之則天地之性存焉。故氣質之性，君子有弗性者焉[43]……天所性者通極於道，氣之昏明不足以蔽之[44]……天性在人，正猶水性之在冰，凝釋雖異，為物一也。[45]

末了一段指明，據張載的看法，人與萬物都有普遍的性。但人性與物性之間的不同是，人能夠意識他自己的性，並對於他的性能有所為，其他的物卻不能。

張載所謂「合虛與氣，有性之名」，意思是，性這個名詞是從太虛和氣結合得來的。上面已討論，張載以「太虛即氣」（第二章，頁40）為他的宇宙論的出發點，在這裡他進一步把他的倫理學和宇宙觀聯繫起來。他認為，太虛的別名是天，也就是廣大的現象世界。

---

[42] 《張載集．正蒙．太和》，頁9。

[43] 《張載集．正蒙．誠明》，頁23。

[44] 同上書，頁21。

[45] 同上書，頁22。

所謂「天地之性」就是「太虛之性」，這就是他所說的：「性者萬物之一源，非有我之得私㊻……太虛無形，氣之本體……性之淵源㊼……凡物莫不有是性㊽。」這幾句話說明，據張載的見解，「天地之性」是一個形而上的概念，不僅是宇宙氣化的本源，也是人類道德行為的超越標準。

首先，所謂「天」的意義是什麼？對於「天」這個名詞，馮友蘭在《中國哲學史》㊾中，曾把它在中國文字中的五種意義詳細解釋。簡言之，第一，物質的天，即與地相對的天，也可以稱為天地的天。第二，主宰的天，即所謂皇天上帝，有人格的天，也可以稱為皇天的天。第三，運命的天，即指在人生中所無可奈何的（如孟子所說的「若夫成功則天也」㊿，也可以稱為天命的天。第四，自然的天，即指自然界的運行（如荀子的〈天論〉篇所說的天），也可以稱為天然的天。第五，義理的天（如《中庸》中所說的「天命之為性」[51]的天），也可以稱為天道的天。

張載在上面所提的第一義，即物質的天或天地的天，常談過。他說：「純陰凝聚於中，天浮陽運旋於外[52]。」但對於第二義所謂皇天上帝具有人格的天，他說：「天則無心無為，無所主宰，恆然如此[53]。」就是說，他不認為，天是有人格的，而不會贊同擬人論學

---

㊻ 《張載集．正蒙．誠明》，頁 21。

㊼ 《張載集．正蒙．太和》，頁 7。

㊽ 《張載集．性理拾遺》，頁 374。

㊾ 馮友蘭，《中國哲學史》，上冊，頁 55。

㊿ 《孟子．梁惠王下》，I 下 14。

[51] 《中庸》，1．1。

[52] 《張載集．正蒙．參兩》，頁 10。

[53] 《張載集．易說．上經》，頁 113。

說 (Anthropomorphism)。在第三義上，即運命的天或天命的天，張載說：「故論生死則日『有命』，以言其氣也；語富貴則日『在天』，以言其理也。此大德所以必受命，易簡理得而成位乎天地之中也[54]。」第四義，自然的天或天然的天，張載與荀子的天及老子的道相似，即如他所說的：「老子言『天地不仁，以萬物為芻狗』此是也[55]。」第五義，即義理的天或天道的天，在這意義上，張載談得很多：「天道四時行，萬物生，無非至教，聖人之動，無非至德，夫何言哉[56]！」又說：「天所以長久不已之道，乃所謂誠[57]……如天道不已而然，篤之至也[58]。」這幾句引語都指明，張載對於天的第五義是吸納《論語》中孔子所說的天，和《中庸》中所提的「天命之為性」的意義。

「天地之性」這個概念，遠在張載之前已有提過。在《左傳》中記載說：「協于天地之性，是以長久[59]。」這句話蘊含著天人相合的意思，就是人效法天地四時以制定社會政策。但是，張載是首先把人性區別為「天地之性」與「氣質之性」兩種。他的二性論可能受到三方面的影響。第一，他或許從孟子所提的「氣」這個名詞，即氣含著「情」的意思，並認為是在「心」這個概念之下。孟子所主張人的「本心為善」學說是張載所吸取的。但張載進一步把氣這個概念從形而上去闡述他對於惡的問題的解答（這點將在下面討

---

[54] 《張載集．正蒙．誠明》，頁 23。
[55] 《張載集．易說．繫辭上》，頁 185。
[56] 《張載集．正蒙．天道》，頁 13。
[57] 《張載集．正蒙．誠明》，頁 21。
[58] 《張載集．正蒙．中正》，頁 29。
[59] 《左傳》，卷 25，頁 8。

論)。第二，張載的二性論可能是從董仲舒的所謂「性」與「情」這兩個名詞得來的。在《春秋繁露》中，董仲舒說：「身之有性情也，若天地之有陰陽也。言人之質而無其情，猶言天之陽而無陰[60]。」就是說，人有「性」和「情」，猶如天之陰陽。在張載以前還有其他的思想家也提到「性」和「情」這兩個名詞，如唐代的韓愈及其弟子李翺。這兩位新儒學的先驅者，都認為性和情是兩相對立的名詞，韓愈說：「性也者，與生俱生也；情也者，接於物而生也[61]。」李翺說：「性者，天之命也，聖人得之而不惑者也；情者，性之動也，百姓溺之而不能知其本者也……人之所以為聖人者，性也，人之所以惑其性者，情也[62]。」那麼，究竟張載的二性論是受了董仲舒，或韓愈，或李翺的影響，這是難以確定的。第三，張載的人性觀也可能受了佛學，尤其是《楞嚴經》的影響，雖則他對於佛教的攻擊似乎是集中在這部經書的內容。有一段話說：「例如今日，以目觀見山河國土及諸眾生，皆是無始見病所成，見與見緣，似現前境[63]。」就是說，一切存在包括眾生，都是夢幻，只有心靈意識才是真實。在《楞嚴經》中提出兩種性，即「和合」與「本然」。「和合性」是把所有混雜的東西合成為一體，「本然性」是不和合，不合一的。張載所謂「天地之性」多少與《楞嚴經》所解釋的「和合性」相似；他所謂「氣質之性」與「本然性」相近，是從「天地之性」墮落下來的。張載的二性論是不是借用這部佛經的「和合」與「本然」這兩個名詞，難以說定。就說他有意借用的話，他並不認為是不得當，

---

[60] 《春秋繁露》，卷 10，頁 11。

[61] 《昌黎先生集．原性》，卷 11，頁 4。

[62] 《李文公集．復性書．上》，卷 2，頁 5。

[63] 《楞嚴經》，卷 2。

只是把佛教的名詞作為闡述他自己的意思罷了。不論他是否被任何方面所影響，張載的二性論使他能夠對於兩個倫理的問題加以解答，第一，人的本性為善是由「天地之性」得來的。第二，罪惡的問題是由「物質之性」產生的。現在把這兩個倫理問題繼續討論。

### (1)「天地之性」與人性為善

人性這個問題是中國哲學史上爭論很長久的問題。最先是在《論語》中記載孔子所說的，「性相近也，習相遠也」[64]。以後有孟子的性善論，告子的性非善非惡論，與荀子的性惡論。但是，張載繼承孟子的觀點，主張人的天性為善。在東西哲學史上，孟子為第一思想家，強調人性善論，根據良知良能的原則為倫理道德的基礎。據孟子的倫理觀，人生下來就是社會的一份子，並具有一種道德感，使他能夠意識仁、義、禮、智這四種儒學傳統的基本美德。張載認為仁這個美德比起其他的德性還要基本，這點在他的〈西銘〉文中充分地表現。上面已提了，這篇論文似乎是談孝，非談仁。但如朱熹給讀者的註解是，因為仁這個概念蘊含著多少模糊不大切身的意思，為了把仁的普遍原則明確地闡述，張載引用幾件有關孝的實事作為具體的例證。因而，在〈西銘〉中所涵蓄的仁，是儒學自從孔子以來的中心倫理概念，並是張載所試圖把它重新著重為基本的美德。

但是，張載把仁這個概念的傳統意義擴充了。他無疑地吸收仁在五倫（君臣、父子、兄弟、夫婦、朋友）在實踐上的差等。對於孝親這個品德的強調，指明他認為，在不同等級有了不同的責任，就是說，父親應當盡父親的義務，兒女應當盡兒女的義務，等等。但他也意識到，有些人是不屬於五倫的範疇之內。孤弱無親的人，

[64] 《論語・陽貨》，17・2。

都是同一天下父母的兄弟，他們應受一視同仁的關注。因而，據張載的見解，對於親屬的關懷，和對於陌生人的關懷，這兩樣並無衝突。儒家的仁說著重在維持家庭的和睦，與墨家的兼愛學說以破除社會偏見及歧視的目的，不僅非彼此矛盾，卻是可以並應當實行的。為此，張載把仁這倫理概念的意義擴充了，並在這種意義上把兩個互相匹敵的傳統學說綜合起來。他說：「仁敦化則無體；義入神則無方[65]。」意思是，當仁這個美德佈滿在一切變化中，它本身便超越一切個別事物；當義這個美德進入精神境界，它本身便超越一切的限制。

雖則根據張載的主張，人的本性是賦有天地之性，即對他的同類有了仁的德性感，然而在某種情況下，如在〈西銘〉中所形容的，必須下大工夫，才能夠完成一個人的道德義務。但問題是，為何緣故一個人應當盡其義務？為誰的益處呢？在這點上，可以引康德的倫理觀相比。他們的簡明回答都是，每個人都有義務實踐他的道德生活。在〈西銘〉中所引用的例證蘊含著的意思是，道德的最真確意義，是不考慮個人的贏得或利益，即自私自利，因而張載所引用的幾種各不相同的行為，從道德實踐方面看，都是值得讚揚的。這就是好像康德所謂「絕對命令」(categorical imperative) 一樣，他說：「無論做任何事，應當使自己所遵循的準則同時能夠成為普遍的道德規律[66]。」就是說，個人行為的主觀箴規必須具有客觀的普遍有效性，使得人人都可以運用的。張載會贊許康德所主張的道義論，道德原理和準則，譬喻說，「應當時常講實話」，「傷害任何人是不道

---

[65] 《張載集．正蒙．神化》，頁 18–19。

[66] *Groundwork of the Metaphysics of Morals* (translated by H. J. Paton) New York: Harper Torchbooks, 1948, p. 70.

德的行為」等等，都是道德行為的標準，無論那些行為是否增進良善的結果。換句話說，道德行為是人的義務，不管那種行為的效果如何。總之，任何人應該盡自己的義務為著義務而已。盡了自己應盡的義務，可能得到快感和滿足，但那種快感或滿足只是一種「副產品」，並非自己盡義務的目的。顯然地，據張載的觀點，人生的至善是盡各人所應盡的道德義務，以尋求成為聖人，不論盡了義務的後果為何，並不應該顧慮個人的利害得失，甚至自己的生命。

在這裡應提一提，張載除了強調仁這個倫理概念之外，即把天下人類認為孔子所說的「四海之內皆兄弟也」[67]，他也關注把其他萬物當作友伴；在這點上，大概他從佛教對於一切眾生應有慈心的教義引來的。

### (2)「氣質之性」與惡的問題

上面已討論，張載認為人性為善與「天地之性」是一致的。那麼問題是，如何解釋惡的來源呢？他的回答是，因為人是有形體的，並因而具有「氣質之性」。他說「形而後有氣質之性」[68]。氣這個概念已在上面討論過，有了雙層的含意，即在聚的狀態為有形的，在散的狀態為無形的，不論在聚的狀態或在散的狀態，氣是永遠地充滿在宇宙間，但是氣這個名詞與另一個名詞「質」，併在一起，便應用在人的形體方面了。張載就根據這個前提，企圖把惡的問題加以解答。

張載把氣這個概念與惡的問題聯繫起來，含有一種矛盾的意思。就是說，假如氣充滿著宇宙間的一切事物，包括了人，並且人生下

[67] 《論語．顏淵》，12．5。

[68] 《張載集．正蒙．誠明》，頁 23。

來就具有「氣」，這「氣」在人的形體是惡的來源，那麼，這種說法如何能夠和人性為善的斷言一致呢？對於這問題似乎有兩種的可能解釋。第一，據張載的辯論點，在宇宙間的一切事物都是陰陽兩端互相感應的結果，因而，在自然世界的歷程中，反面力量的存在是與正面力量的存在，一樣地必須的。於是，在冬天的時候，正面的陽氣被反面的陰氣所支配，在夏天的時候，反面的陰氣為正面的陽氣所支配。同樣地，在人類間，有些人的天賦才能比別人的高，因為人人所賦予的氣各不相同，才能較高的被認為「較好」，但等級之差在這方面，即有些人或物比別人或別物「較好」，並非人力所能為之，每個人只能接受自己由天所賦的才能。那麼，凡是人力所限制的本身並不可以說是「惡」。

第二可能的解釋是，善與惡這兩相對方面，在道德意義上是限定在人為的事上，因為人自己對於善與惡的問題是行為決定者。張載說：「富貴之得不得，天也，至於道德，則在己求之而無不得者也[69]。」每個人賦有德性的品質，即「天地之性」，同時他也具有「氣質之性」，這所謂「氣」本身雖非道德性的，卻是可能成為「善」或「惡」。就是說，「氣質之性」在本來狀態沒有道德倫理的所謂善或惡的區別，但它和其他同類或事物接觸之後，而從「天地之性」墮落了。換句話說，雖則人的良善本性是繼承「天地之性」，然而他的「氣質之性」是人自己取來的，因而也是屬於他的性。這就是張載所說的：「湛一，氣之本；攻取，氣之欲。口腹於飲食，鼻舌於臭味，皆攻取之性也。知德者屬厭而已，不以嗜欲累其心，不以小害大、末喪本焉爾[70]。」由此可見，據張載的見解，為善或為

[69] 《張載集．經學理窟．學大原上》，頁 280。

[70] 《張載集．正蒙．誠明》，頁 22。

惡，是每一個人抉擇的問題了。

關於惡的問題，可以從三方面解釋。第一，從形而上學的問題看，假如在宇宙間有所謂至善的存在，不論稱為「天」、「神」、「道」、「上帝」等，那麼，究竟惡從那裡來呢？是不是另有一種獨立存在的「惡」與「善」互相對立呢？第二，從自然的問題看，這方面包括在自然界的天災以及人間世的身心病痛等。第三，從道德的問題看，這完全是關於人類社會在道德方面所作的罪惡行為。

在西方倫理學史，善和惡的問題早在柏拉圖的《泰米亞斯》對話篇 (*Timaeus*)[71]提過了。他認為，在宇宙間的事事物物，有高的，有低的，有大的，有小的，各種不同的等級，可是沒有任何物因而非完美。對於惡這個問題做過深刻的探討，是中古時代的聖奧古斯丁 (St. Augustine，354–430)。在他的名著《上帝之城》(*The City of God*) 中，他把這個神學和倫理哲學的重要問題加以解答，假如上帝是獨一存在的至善權力，那麼惡從何而來呢？他的回答是，簡言之，惡是一種善的喪失，惡本身並不存在，因為上帝所創造的一切都是善的，惡只是某種事物的一方面而已。人類的墮落，因始祖亞當和夏娃由於自由意志所致。聖奧古斯丁說：「當意志放棄那超乎它本身的方向，而轉向下層的方向，就成為惡——不是因為他所轉向的那一個方面是惡，而是轉向本身是利惡的[72]。」他對於惡的來源的解答是，從消極方面說，為抨擊當時所流行著的摩尼教 (Manichaeism) 所主張的善惡對立二元學說，即善為精神或光明和惡為物質或黑暗，這兩種權力是獨立存在著。從積極方面說，他把西方的兩主要文化傳統——即猶太基督教與希臘哲學（尤其柏拉圖的思想）——綜合

[71] *Timaeus*, 40 B–C.

[72] *The City of God*, XII, 6.

起來了。因而，他的結論是，上帝是全善、全知、全能，但祂所賜給人類的所謂自由意志，卻成為惡的來源，罪惡的行為是犯罪者自己的選擇，而應當自己承擔的責任了。聖奧古斯丁在惡的問題所解答的，在他以後的西方宗教和倫理上，發生了很大的影響，並引起了後繼許多思想家的爭論。

張載會贊同聖奧古斯丁的觀點，從形而上學說，認為至善是唯一的獨立存在本體。因而，據張載的看法，「天地之性」就是形而上的性，是宇宙間的人類社會道德行為的根源，並是人的本性之由來。從反面方面說，這個形而上超越的境界，沒有所謂惡的存在。但在自然境界，雖則有了各種不同的個別事物，據人的意見，有了好與壞之分，有了高與低之別，可是這些區別並不屬於倫理的善和惡的範疇。善與惡的問題，是涉及人的道德倫理問題了。好像聖奧古斯丁一樣，把上帝的至善與罪惡問題來源互相矛盾的問題，以人的自由意志來解答。張載企圖把氣這個概念與惡的問題之關係所含著的矛盾意思，以氣質之偏加以闡析。在〈誠明〉篇中，張載說：

> 人之剛柔、緩急、有才與不才，氣之偏也。天本參和不偏，養其氣，反之本而不偏，則盡性而天矣。性未成則善惡混，故亹亹而繼善者斯為善矣。[73]

就是說，雖則人與人之間有了各種不同的性格，有剛強和柔弱的區別，有急快和緩慢的不同，有才與不才的差異，這都是由於氣質的偏頗，然而，這些區別本身與善和惡的問題無相干。「天地之性」本來是不偏任何方面的，任何人能夠把自己具有的「氣質」培養，使

[73] 《張載集．正蒙．誠明》，頁 23。

其保持或回到本來不偏不倚的狀態，便是知天知性了。不知天性，善和惡便混亂了。為此，每一個人應本著不屈不撓的志向，力圖繼承善，才是所謂善。簡言之，張載會站在聖奧古斯丁的立場，主張善和惡的道德問題，是在於個人自由意志抉擇的問題，並由於與外界的人或物接觸過程中，自己的無知，以自我為中心，或循從情慾所造成的結果。

張載對於惡這個持久不斷的倫理問題所提供的答案，並非有特別創新的見解，因為遠在先秦時代，孟子對於這個問題已給了回答，在《孟子》書中的兩段有關的話說：「今日性善，然則彼皆非與，孟子曰，乃若其情，則可以為善，乃所謂善也，若非不為善，然才之罪也[74]。」意思是，據孟子的主張，人的天性為善，但是人受了情慾所抑制，而阻礙他在仁、義、禮、智四端的發展，惡的來源與天賦予人的本性無干。他又說：「富歲，子弟多賴；凶歲，子弟多暴，非天之降才爾殊也，其所以陷溺其心者然也[75]。」由此可見，惡的問題是由於客觀環境的影響而產生的，但是孟子未曾對於情慾的由來加以解釋。張載吸取孟子所主張的人性為善學說，以及惡的問題是由於人為情慾和外界不良環境的影響而產生的。但是他進一步把「氣質之性」與「惡」這兩個概念聯繫起來，試圖重新肯定傳統倫理學對於個人道德的義務理論，以解答惡的問題，這可以說是張載一種創新的見解。

---

[74] 《孟子．告子上》，VI 上 6。

[75] 同上書，VI 上 7。

## 五、「變化氣質」

張載認為，天所賦予的氣質之性各不相同，可是所相同的，就是任何人都有變化他的氣質的可能性。唯一不可變化的，即他所說的：「氣之不可變者，獨死生修夭而已[76]。」他又說：「氣質猶人言性氣，……質，才也。氣質是一物，若草木之生亦可言氣質。惟其能克己則為能變，化卻習俗之氣性[77]。」在他的宇宙論，張載屢次提醒讀者，氣為宇宙的本體是永遠地在變化中，如寒暑晝夜不斷地循從自然的天秩。現在他的倫理學說，據張載所強調的，所謂變化不是自然而然的變化，乃是人能夠並應當變化他的氣質之性。在《經學理窟》中，他說：「為學大益，在自求變化氣質，不爾皆為人之弊，卒無所發明，不得見聖人之奧。故學者先須變化氣質，變化氣質與虛心相表裡[78]。」在《張載集》冊中，編輯者把這句引語中的「自能」改正為「自求」。「自能」和「自求」這兩個說法的意思是不相同的；前者意思是，人具有變化他的氣質的能力，後者涵有尋求的道德意味。據張載的倫理觀，這兩種意思都包括在內。就是說，人的氣質之性是各人能夠變化，並且應當變化的。但是，所謂變化氣質是有一定的方向，即是往上朝向天地之性變化，也就是他所說的：「善反之則天地之性存焉。故氣質之性，君子有弗性者焉……上達反天理，下達徇人欲者與[79]。」

---

[76] 《張載集．正蒙．誠明》，頁 23。

[77] 《張載集．經學理窟．學大原上》，頁 281。

[78] 同上書，頁 274。

[79] 《張載集．正蒙．誠明》，頁 22–23。

既然據張載的看法，惡的來源是由於氣質之性，並人的氣質之性是可能以及應當變化的，現在的問題是，如何變化人的氣質之性而返回原來的善性，即天地之性呢？從他的寫作中所著重的，張載對這個問題的回答可以提出三方面。

第一，張載強調，學習是變化氣質的必須途徑。在《論語》書中的第一句話是：「子曰，學而時習之，不亦說乎[80]。」可見學習是儒家自古以來所看重的一特點。張載在為學方面談得很多，他說：「如氣質惡者學即能移，今人所以多為氣所使而不得為賢者，蓋為不知學[81]。」明顯的，他認為氣質之所以為惡，是由於「不知學」；因而，學習便可以使學者變化為善。上面曾經討論張載對於惡的問題的解答，是因為人的氣質之性被情慾所蔽塞而為惡，即由於人的自由意志所致。但這裡所謂「不知學」為惡的原因，和以「情慾」為惡的原因，是兩種不同的意思。再舉西方倫理學史為例和比較，這兩種惡的原因，即情慾與無知，在歷史上是兩種不同的傳統。前者的代表思想家，是上面所提過的聖奧古斯丁的見解，他認為罪惡的由來是上帝所賜給人的自由意志。因為人類始祖亞當和夏娃兩人，並非不知道禁果是不可以吃的，但他們自由地違背上帝的旨意，這就成為基督教的所謂人類最初墮落的教義了。另一種傳統是古代希臘所著重的「無知」(ignorance) 為惡的來源。最早的系統倫理學家亞里斯多德把人下個定義，「人是一個理性的動物」，因而人是比其他的動物高上一層。在他的名著《尼克美侃倫理學》書中，他的所謂德性，是一種根據理性的原則作適中的抉擇（適中或中庸的意思是，不作太過或不及這兩極端的抉擇）[82]。因而，智慧是適中，即

[80] 《論語．學而》，1．1。

[81] 《張載集．經學理窟．氣質》，頁 266。

善或美德；傲慢為太過，無知為不及，這兩種都是偏差不適中而為惡。就是說，一個人應當在他行為上有知識。張載雖在這方面，不如亞里斯多德有了專冊作系統化的闡述和分析，但在他的著作中，他同樣地對於知識在道德行為的必要性，表示關注。就是說，他會贊同亞氏，認為一個人因無知而做出不正當的選擇，是他本人應當負起的責任。(無論他的不正當抉擇的後果是應該或不應該受處罰，這便涉及法律的問題了。)

早期儒家與新儒家，雖各有其不同的哲學著重點和方法，然而在這一點上，他們都完全同意的，就是人的最高目標要成為聖人，並確信每個人，不論天所賦予的才能為何，都有可能及潛力求達這個目標。為此，教育或為學是儒家所特別關注的課題。張載也不例外的，認為聖人必須學習，他說：「學者當須立人之性。仁者人也，當辨其人之所謂人。學者學所以為人[83]。」就是說，為學的目的是使氣質變化而成為聖人，為人或聖人具有仁的特性和義務，即以促進社會的道德和人類的幸福為任務。換句話說，教育的目的是要教化人成為孟子所謂的「內聖外王」。相反的，假如一個人以自己的功業成就為學習的意向，於學便有害處，雖則人的氣質之性使他失去本來的善性，然而張載以及其他儒家都深信，人通過學習的工夫，能夠使他墮落的氣質之性變化，而返回高一層的領域，即聖人所具有的天地之性的領域。他著重人為的效力，曾說：「天能為謂性，人謀為謂能。大人盡性，不以天能為能而以人謀為能，故曰『天地設位，聖人成能』[84]。」由此可見，他認為人的義務，不僅僅應盡天

---

[82] *Nicomachean Ethics*, Book II, pp. 4–6.

[83] 《張載集．語錄中》，頁 321。

[84] 《張載集．正蒙．誠明》，頁 21。

性，還必須盡人謀，以達到他所謂「為天地立志，為生民立道，為去聖繼絕學，為萬世開太平」[85]的崇高目標。這種目標不單是能夠達到，事實上已經有「往聖」出現了，並在儒學經典可以學習到的。因而他說：「要見聖人，無如《論（語）》《孟（子）》為要。《論》《孟》二書於學者大足，只是須涵泳[86]。」無疑的，在他一生做學問的心得，《論語》和《孟子》兩部書，對於張載的倫理思想的影響最大。

第二，與學習為變化氣質的必要性有關的，就是張載所常提的「誠」這個概念，為道德修養的必須德性。誠這個名詞早在《孟子》和《中庸》兩部書中提過了。孟子說：「是故誠者，天之道也。思誠者，人之道也。至誠而不動者，未之有也，不誠未有能動者也[87]。」《中庸》的作者寫說：「誠者，自成也……物之終始，不誠無物，是故君子誠之為貴[88]。」張載對於誠這個涵著道德意義的概念，可以從兩方面來解釋。其一，上面已指明，新儒家的任務之一，是排斥佛教的虛無形而上理論，並證明人所接觸的有形宇宙與人生的實在性。張載認為，除了他能提供一種有說服力的理由，要把佛教的夢幻思想影響消滅，是幾乎不可能的，為此，他又回到早期儒學經典中，吸取所提過的誠這個概念，並加以新的解釋，就是說，宇宙及處在其間的人是真實的，因為天是至誠，人無須疑惑會被天所欺騙。他說：「至誠，天性也；不息，天命也。人能至誠則性盡而神可窮矣，不息則命行而化可知矣。學未至知化，非真得也[89]。」他又說：

---

[85] 《張載集．近思錄拾遺》，頁 376。

[86] 《張載集．經學理窟．義理》，頁 272。

[87] 《孟子．離婁上》，IV 上 12。

[88] 《中庸》，25．1。

「誠有是物，則有終有始；偽實不有，何終始之有！故曰『不誠無物』[90]。」張載在這點上的論調，與笛卡兒對於宇宙存在的證明論點頗為相似。據笛氏的論證，簡述之，假如宇宙世界不是實在地存在的話，上帝就是欺騙人了。但是上帝是全善的，絕對不會欺騙人，因而，物質世界是存在的[91]，這種對於宇宙實在性的論證，是否有足夠的說服力，應讓讀者自作評價。所有趣的是，這兩位中西思想家對於這個似乎不可「證明」的哲學問題，都確信是可能用人的理性解答的。張載的知識論將在第四章討論。

張載對於誠這個概念的另一方面的解釋，其二，他與其他的新儒家都認為，誠這個概念是道德修養的主要方法之一。天性不僅是善，也是誠。既然人的義務是尋求與天合一，人也必須有誠。張載說：「益物必誠，如天之生物，日進日息；自益必誠，如川之方至，日增日得[92]。」就是說，修養工夫必須孜孜不倦地努力，才能進長。各人應盡其誠，精勤為學，才能夠有自益益人的收穫。一個盡其誠的人，不謀自己的功利，才能夠與天道合一。總言之，據張載的觀點，誠是為學以及道德修養所不可缺少的德性，因誠能夠使為學學者把氣質之性變化，而一步一步往上返回天地之性的至善領域。

第三，張載認為，與上面所提的誠有關係的，是「禮」這個倫理概念，因為誠必須在禮的行為上表彰出來。上面已提過，張載的倫理學說是繼承孔孟所著重的仁為主要美德。但在解述他的所謂「變化氣質」，他也著重禮這個倫理概念。關於禮的重要性，孔子曾說：

---

[89] 《張載集．正蒙．乾稱》，頁 63。

[90] 《張載集．正蒙．誠明》，頁 21。

[91] *The Meditation*（沉思），第 6。

[92] 《張載集．正蒙．乾稱》，頁 66。

「恭而無禮，則勞。慎而無禮，則葸。勇而無禮，則亂。直而無禮，則絞[93]。」孟子把禮視為四端之一：「辭讓之心，禮之端也」[94]，即仁義禮智四美德之一。以後荀子強調禮為主要品德，並認為禮是應人的需要而產生的。荀子的爭論點是，人的本性為惡，各為自己的欲望所致，因而必須有禮才能夠處理性惡所引起的混亂情況。他說：「欲而不得，則不能無求，求而無度量分界，則不能不爭。爭則亂，亂則窮。先王惡其亂也，故制禮義以分之，以養人之欲，給人之求……故禮者，養也……禮有三本：天地者，生之本也；先祖者，類之本也；君師者，治之本也。無天地，惡生？無先祖，惡出？無君師，惡治？三者偏亡焉無安人。故禮上事天，下事地，尊先祖而隆君師，是禮之三本也[95]。」這段引語清楚地指明，據荀子的看法，禮這個概念是個人和社會道德的主要品德。無疑的，荀子跟著孔子和孟子同樣地以「治國平天下」，為人應追求的目標與應盡的義務。但他卻以禮儀為倫理道德的基本原則，這種主張與他的人性為惡論是互相聯貫的。理由很明顯的，也就是因為人的本性為惡，所以需要制禮作為治惡的方法。

張載雖承續孟子的人性為善學說，而與荀子的性惡論相反，然而在禮這個概念上，卻認為是變化氣質的必要因素。他說：

> 禮即天地之德也……禮者聖人之成法也……禮所以持性，蓋本出於性，持性，反本也。凡未成性，須禮以持之，能守禮已不畔道矣[96]……學者且須觀禮，蓋禮者滋養人德性[97]……

[93] 《論語・泰伯》，8・2。

[94] 《孟子・公孫丑上》，VI 上 7。

[95] 《荀子・禮論》。

> 誠意而不以禮則無徵，蓋誠非禮無以見也。誠意與行禮無有先後，須兼修之。[98]

這句引語就是張載對於上面所提的問題，即如何變化人的氣質之性而返回原來的天地之性的答案。他的結束語是，簡言之，除了學習為變化氣質的必要途徑之外，還有培養誠的品德，並必須在禮的行為上表徵。換句話說，道德生活應有內在的學問和誠的品性以及禮的實踐，這三方面俱全的。

## 六、總　結

現在回到在本章開始所提的兩個倫理的基本問題，即人生的理想或至善是什麼，與道德義務以及判斷行為善惡的標準為何。那麼，據張載的倫理學，他如何解答這兩個問題。

在第一節（頁 68–75）已簡單地把中國早期的倫理主要學派提過。現在略舉西方倫理學史的例子，作為比較和結語。關於人生理想或至善的問題，大約可以分為兩大派，第一派可稱為快樂主義。但這所謂快樂主義又有兩種派別，即自我快樂主義 (Egoistic Hedonism) 和樂利主義 (Universalistic Hedonism)。前者的代表思想家是西元前第四世紀的伊壁鳩魯，他認為人生最高理想是尋求個人心靈上的快樂。後者是英國十九世紀的本丹姆和其繼承者米爾所創立的倫理學派，他們所強調的理想人生是追求最大的快樂為最大多

---

[96] 《張載集．經學理窟．禮樂》，頁 264。

[97] 《張載集．經學理窟．學大原上》，頁 279。

[98] 《張載集．經學理窟．氣質》，頁 266。

數的人（頁 71）。雖則兩派的共同看法是以快樂為人生的目標，然而所不同的是，前者為個人主義，後者為利他主義。第二派，大體地說，認為人生的至善是德性或知識，或德性和知識並兼。主張這種見解的思想家在西方倫理學史佔大多數。大哲人如古代希臘的柏拉圖，認為真善美為人應追求的最高領域；亞里斯多德以人的幸福，即在整個人的各方面（身體心理和知識）不斷地作均衡的長進；中世紀的基督教倫理神學家聖奧古斯丁和聖多瑪斯（阿奎那），以遵從上帝的旨意為人生在世的目標；近代的斯賓諾莎認為，人生的理想是理智性的愛上帝 (Intellectual Love of God)；康德強調人的至善是盡道德義務為著義務等。由此可見，他們各人從自己的角度去闡述人生的至理是追求德性、知識，或德智兩兼，而非以快樂為目標。

關於道德義務問題，和道德行為的判斷標準，在西方倫理學史，也可以分為兩大種類，即所謂目的論 (teleological theory) 和義務論 (deontological theory)。主張目的論的引樂利主義學派為代表。據他們的爭論點，道德行為的判斷標準，是以某種行為是否帶來善的結果，或善多於惡的結果，或最低限制善惡平衡的結果。換句話說，任何所認為是正當的道德行為，不能和所產生之結果分開的。但是，從義務的觀點，可以引康德為代言人，他認為正當的道德行為的判斷標準，完全靠著某種行為的義務性，與那行為所產生的善的結果，善多於惡的結果，或善惡平衡的結果，沒有關係。舉孟子所引的孺子將陷入井為例子。從樂利主義的目的論論點看，援救孩童出險這一行為是正當，值得讚揚的，因為這行為帶來快樂的結果，不僅是與被救者和有關的人的快樂，並且包括援救者本人的快樂。但從義務論的立場，援救孩童出險本身是一種道德義務，具有道德價值和意義。這行為的結果是成功或失敗，是增加或減少那些有關的人的快樂，並不相干。換句話說，目的論者認為，任何行為是以其結果為判斷的標準，但義務論者卻強調道德動機 (motive) 為判斷行為的是非為準則。總言之，上面所簡略地提的，就是西方這兩派別對於人生理想與道德義務這兩個倫理問題，分別所給的大體答案。

中國在先秦時代的主要學派，對於人生理想與道德義務這兩個倫理的基本問題，概略地說，也可以分為上面所提的兩大派別。楊朱的個人享樂主義和墨子的兼愛主義屬於第一，即以快樂和滿足為人生至善，善惡與是非是以行為的結果為判斷的標準。孔孟荀的儒學屬於第二，即強調道德和知識為人生的理想，並著重道德義務本身的價值性。道家老莊雖看重個人內在的道德修養，然而對於人間世的消極態度，難以歸入這兩不相同的倫理觀範疇。無疑的，張載是站在孔孟的倫理學立場，強調人生的理想或至善是成為聖人，並且道德義務本身是具有價值的。

張載承繼先儒以成聖為人生的最高目標，即孔子的所謂「君子」和孟子的所謂「內聖外王」。在他的著作中，他對於聖人所描寫的話很多，所謂聖人就是他所說的「所以成性則謂之聖者」[99]。雖則「聖人人也」[100]，可是一個人成為聖人，因為他對於宇宙萬物的聚散變化性有了全面的理解，並超過自我興趣的階段，也就是他所謂「聖人同乎人而無我」[101]。他又說：「無我而後大，大成性而後聖[102]。」意思是，聖人和一般人的不相同處是，前者是下過修養工夫，超越後者的私慾界限，而達到無我的高一層境界。因而，在原則上，他

[99] 《張載集．易說．上經》，頁 78。

[100] 《張載集．語錄中》，頁 317。

[101] 《張載集．正蒙．至當》，頁 34。

[102] 《張載集．正蒙．神化》，頁 17。

確信，「人皆可以為堯舜」，但在事實上，達到這種理想的人生，卻寥寥無幾。甚至孟子，據張載的評價，也未完全達到聖人的境界。他說：「孟子於聖人，猶是麄者[103]。」就是說，和孔子這位聖人相比，孟子還是不夠高尚。

聖人不僅與一般人不同，他的為聖工夫是倣效天道並措施於人間世。張載說：「大人成性則聖也化，化則純是天德也。聖猶天也……聖人則事天愛民[104]。」這段語指明，據他的觀點，聖人雖像天似的，然而並非天。聖人是人，卻超過平常人；聖人猶天，卻與天不同，因天無人心，聖人有仁心[105]。在這點上，他曾引《老子》中的話作為解釋，他說：

> 老子言「天地不仁，以萬物為芻狗」，此是也；「聖人不仁，以百姓為芻狗」，此則異矣。聖人豈有不仁？所患者不仁也。天地則何意於仁？鼓萬物而已。聖人則仁爾，此其為能弘道也。[106]

這句話明晰地指出，張載認為老子的所謂「天地不仁」是對的，也就等於他自己所說的「天無人心」。但是，若說聖人不仁，就不對了。因為聖人是人，人是仁也，怎麼可以說聖人不仁！實際上，聖人所憂患的，就是缺少仁。天地只是鼓動宇宙間的一切萬物而已。但聖人是仁善的，並能夠弘道，因道不能弘人。他又說：

---

[103] 《張載集．性理拾遺》，頁 375。

[104] 《張載集．易經．上經》，頁 76。

[105] 《張載集．經學理窟．氣質》，頁 266。

[106] 《張載集．易說．繫辭上》，頁 188–189。

> 聖人苟不用思慮憂患以經世，則何用聖人？天治自足矣。聖人所以有憂者，聖人之仁也；不可以憂言者，天也。蓋聖人成能，所以異於天地。[107]

這就說明聖人的雙重使命。在一方面，他所以成為聖人，因他已達到知性知天的階段，遵循天道而猶天了，雖則他異於天。但在另一方面，他要做天所不能做的，即把天道普及於民間。換句話說，從上層看，聖人是天的使者，從下層看，聖人是社會人群的領導者。一言概括，張載所描寫的人生理想，是追求成為品學兼優並在個人社會道德生活的模範人。

對於道德義務的問題，張載也是孔孟的承續者。在《論語》書中記錄說：「子日：志士仁人，無求生以害仁，有殺身以成仁[108]。」又說：「君子憂道不憂貧[109]。」孟子也有同樣的看法，他說：「生，我所欲也，義，亦我所欲也，二者不可得兼，舍生而取義也[110]。」這幾句引語指明，孔孟兩位先儒，都認為達到人生的理想是一種道德義務，不計自己的得失結果。張載在〈西銘〉篇中，充分地表白他的人生義務觀是站在孔孟的立場，即人生在世的道德義務是為著道德義務本身的價值，而非為著其他目的。就是他所說的：「違日悖德，害仁日賊……富貴福澤，將厚吾之生也；貧賤憂戚，庸玉女於成也[111]。」由此可見，張載對於康德的「為義務而義務」學說，會

---

[107] 同上書，頁 189。

[108] 《論語．衛靈公》，15．9。

[109] 同上書，15．32。

[110] 《孟子．告子上》，VI 上 10。

[111] 《張載集．正蒙．乾稱》，頁 62–63。

特別加以賞識。因為康德強調「善意」(good will) 是人的最高唯一至善，它本身具有價值，而不是因產生任何後果才有價值的，並且，一切行為都要和「善意」符合才算是道德行為。康德把他所謂「為義務而義務」和一般所謂「按照義務而義務」區別。後者可以引兒女孝順父母為例子，這是天經地義為兒女應盡的義務，無可特別誇獎的孝順行為。但是前者，即「為義務而義務」，可以引〈西銘〉中所舉的舜王作例。雖則他的父親頑固，舜王仍然盡其事親孝道的義務，這種道德行為是有特殊的倫理價值和意義。

總而言之，張載的倫理觀，從人生理想方面說，他是站在道德絕對主義的立場，強調人生有最高尚的理想，即成為聖人，並這個目標是人人應追求與所能夠達到的。因而，對於任何倫理相對主義的學說，即以道德標準因時因人不同而異，他會加以排斥。從道德義務方面說，他是一位義務論者，認為人人都有應盡的道德義務，並且是為義務而義務，而非為任何報應而盡義務。因而，他會反對道德判斷以結果為標準，而強調人的仁心或動機為判斷善惡和是非的準則。

# 第四章　張載的知識論

## 一、知識論的問題

知識論是哲學研究的一重要的部門。它所關切的問題可以分為三方面。第一，知識是什麼？人的知識有何限制？對於這方面的問題的答案，有所謂可知論主義與不可知主義。前者認為人的知識能力是無限制的，即對於有形的事物以及無形的事物都能知；後者卻主張人對於某種事物是不能夠有知識，因它是不可知的。第二，知識的來源是什麼？即從何而知？對於這個問題的解答，有所謂理性主義和經驗主義這兩主要學派。前者以理性為知識的最可靠的來源，後者卻以經驗為知識的來源，此外，還有所謂直覺主義，這尤其是一些倫理學家的觀點，認為人對於道德的是非有直接直覺的知識。第三，如何測定人所索取的知識是可靠的——即是和非——正確和不正確的標準是什麼？對於這方面問題的答案，有所謂絕對主義與相對主義這兩學派。前者認為，在宇宙有一種普遍的絕對真理存在，認知者在探索過程中，必須尋求與這絕對的真理一致；後者卻不主張有某種絕對真理存在著，而認為知識是相對的。

在西方哲學史，遠在古代希臘時代，知識這個重要正宗哲學問題是首先由蘇格拉底 (470–399 B.C.) 嚴肅地提出來的。在蘇格拉底以前約兩世紀的期間，一大批的思想家著重在發表他們在宇宙問題上的不同觀點。但在蘇氏同時候卻有一派所謂辯士學者 (Sophists)，他們對於過去兩世紀期間所發表關於宇宙的紛紛不同的學說，是因為人的知識只是各人的意見而已。即如波羅太哥斯（Protagoras，約

484–411 B.C.）辯士論者所說的：「人是萬物的尺度，是一切存在事物的尺度，也是不存在的某種物的尺度❶。」就是說，知識僅僅是每一個人的意見罷了。蘇格拉底抨擊當時辯士學派的主觀主義和相對主義的立場，並公開地向他們挑激，而強調真正的知識是人所能夠尋求得到的。他確信有所謂永恆真理的存在，並自稱為「無知者」，所以在追求認知這永恆的真理。因而，一個認知者首先要明瞭自己所說的意思是什麼？譬如說，假如他說相信上帝，然而對於上帝這個名詞的意義不懂，那麼，無神論與有神論就無何區別了。蘇氏重視概念的普遍性，因為正確的知識包括了探索概念的意義。他的名句「認識自己」，就是說，認知自己所說的話意思何在，並能夠把自己所做的事的理由表白，而使得那行為成為普遍化。因為普遍性的概念，才算是正確、永恆不變的，並是範圍個人私意與維持社會秩序所不可弗視的客觀準則。

蘇格拉底在哲學家知識論的大貢獻，是他強調人要把自己所表白的任何意見下一個普遍性的定義。就是說，要行善必須認知善的意義是什麼，並善惡這兩方面的區別何在。那麼，他對於上面所提關於知識論的三大問題的回答是，概括地說，第一，知識就是道德，這兩方面是應一致的。據他的確信，在宇宙間存在的絕對真理是人所能夠追求認知的。第二，知識的來源是從認知自己為起發點，然後由實際經驗並用歸納推論法，即以問答對話方法，一步一步建樹對於某種事物的知識。這問答對話方法以後為他的高徒柏拉圖所採用，而產生大量的對話篇著作。但是，蘇氏所謂普遍性的概念的知識，不是從感官或書本學習得來的，而是一種「透視」(insight)。他因而自稱為「助產婦」，意思是，他的教學使命是協助學者，把已存

❶ *Protagoras*，殘篇 D。

在於每人心靈裡的真理產生出來。他認為，如果人人作深刻的思考，彼此的想法能夠相似，因為人人越多作思考，彼此越能互相了解。第三，那麼，與上面兩個答案互相聯貫的，蘇格拉底對於這三個知識論的問題，即如何測定認知者的知識是否正確可靠，他的回答是以與所謂永恆絕對真理互相一致為標準。由此可見，蘇氏對當時的辯士論者的主觀主義與相對主義的反抗。總之，蘇格拉底雖僅僅把概念 (Idea or Concept) 這個有關知識論的重要課題提出 ，可是由柏拉圖把它建立了一種概念哲學的系統，而在西方知識論成為大有影響力的傳統了。

在中國哲學史，對於「知」這個名詞早在《墨經》書中，曾經下了定義：「知，材也」，意思是人具有知的本能；「知，接也」，就是接觸了事物而有知；「知，明也」，就是明瞭事物的知識❷。知識一向是儒學思想家所重視的，在《論語》書中，孔子常談起「知」這個名詞。正如古希臘的大哲人蘇格拉底一樣，孔子也自稱為「無知」，他說：「吾非生而知之者，好古敏以求之者也❸。」孔子一生看重知識，但他的著重點與蘇氏不同，即以復古的知識為教學的資料。他的「好古敏以求之」精神，使他成為《詩》、《書》、《禮》、《樂》、《易》、《春秋》六經，以及禮、樂、射、御、書、數六藝的大師。他的博學，而世傳曾有弟子三千，可想而知。但孔子生在一個所謂「君不君，臣不臣，父不父，子不子」❹的紛亂時代中，他因而認為，只有通過知識的途徑，才可挽救當時的社會紊亂。他曾周遊列國，企圖直接由參加政治活動以改革各種的「邪惡暴行」，但

❷ 《墨子．經上》。

❸ 《論語．述而》，7．20。

❹ 《論語．顏淵》，12．11。

屢次因不得志而失敗了。因而，他乃以教學為自己的使命。他是一位好古學者，確信古代制度對於社會的安定已有歷史事實作為例證了。他本著「學而不厭，誨人不倦」❺的精神，循循善誘的態度，教授他的門徒著重復古的知識。兩千多年來，他在知識上的莫大影響，而被尊稱為「萬世師表」。孔子不僅是中國歷史最偉大的教師，他也可以說是一個觀念論者。為了糾正當時所謂「臣弒君，子弒父，弟弒兄」種種紊亂的局面，他提倡「正名」這個概念，作為知識和道德的指南針，因為名不正所產生的，是一連串的惡劣行為結果。就是如在《論語》書中所記載的：「名不正，則言不順。言不順，則事不成。事不成，則禮樂不興。禮樂不興，則刑罰不中。刑罰不中，則民無所措手足❻。」可見名正言順這個概念的重要性了。

上面所提有關知識方面的三個問題，孔子的回答可以簡略地說，第一，知識是什麼？他說：「知之為知之，不知為不知，是知也❼。」這句引語雖非把知識下一個明晰的定義，其蘊含著的意思是，人的知識有限，但人的求知是無限的。孔子，好像蘇格拉底一樣，強調知識和道德這兩個概念是不能分開的。人追求知識，非以知識本身為目的，乃是要把所認知的運用在道德生活上為目的。第二，據孔子的觀點，知識的來源是從學習古代經典的經驗獲得的。但這只從在學習階段的內容而說的，最重要的，是對於所學習的有了清楚的理解。這就是他所說的：「學而不思，則罔；思而不學，則殆❽。」學習和思維在尋求知識的歷程中，是息息相關的。第三，

---

❺　《論語．述而》，7．2。

❻　《論語．子路》，13．3。

❼　《論語．為政》，2．17。

❽　《論語．為政》，2．15。

知識的正確和不正確，可靠與不可靠，是從道德生活的表彰為測定的標準。無疑的，孔子確信有所謂絕對真理的存在，即他所提的「道」——永恆不變的真理。雖各人在表彰道的方式不同，然而人人都能夠在道德行為上與道一致，這就是他所說的名句「人能弘道，非道弘人」❾的涵意。簡言之，知識的正確和可靠性，是憑著個人的道德生活是否和「道」這個普遍的真理相符合為準則。

在《論語》書中，這部唯一最可靠有關孔子的事蹟和思想的資料，他未曾對於所提出的知識論的觀念作系統的闡析。但是，以後由孔子的繼承思想家孟子和荀子把有關知識論的概念加以擴充與系統化。前者傾向所謂直覺知識論的觀念，即如孟子所說的「萬物皆備於我矣」❿。後者卻傾向所謂經驗或感覺論的立場，即如荀子所說的「所以知之在人者謂之知，知有所合謂之智」⓫。這兩種知識論的傾向，即直覺論理論與經驗或感覺論學說，以後成為新儒學的傳統了。張載的知識論也是根據早期儒家的一些基本觀念加以發揮的。

## 二、「內外之合」

現在回到張載的知識論。上面曾提過（頁 53），張載認為，人的知識是由外在的事物和內在的意識聯合得來的。他也會贊同十七世紀英國經驗主義者洛克所提倡的 tabula rasa 學說，即人生下來在知識上是好像空白的紙一樣，毫無所知，知識是人逐漸與外界事物

❾ 《論語・衛靈公》，15・29。

❿ 《孟子・盡心上》，VII 上 4。

⓫ 《荀子・正名》，卷 16，頁 2。

接觸獲得的。但他與洛克的相關點就到此為止了，因為他的知識論理論與經驗主義是大不相同的。

張載對於知識論的第一個問題，即知識是什麼?所下的定義是，知是「內外之合」。他說：「人謂己有知，由耳目有受也；人之有受，由內外之合也。知合內外於耳目之外，則其知也過人遠矣⓬。」這句話的涵意有兩重要點，第一，張載堅持著，客觀事物是獨立存在，在這點上是反抗佛學對於物質世界視為幻夢的正面斷言。第二，他確信，人對於這個獨立存在的客觀宇宙，是能夠認知的，並應尋求與其「內外合一」。但如何尋得「內外之合」呢？張載對於這個問題的解答，是從他的名句「心統性情者也」⓭，即他對於「心」這個概念去分析，他說：「合性與知覺，有心之名⓮。」這兩句雖極簡短，其蘊含著的意義卻很深刻。朱熹對於「心統性情」這句話曾稱揚說「此說極好」⓯，並把它解釋為：「性者理也，性是體，情是用，性情皆出於心，故心能統之⓰。」就是說，「性」和「情」都出於「心」，所以「心」能夠主宰性情這兩方面。在他的倫理學，張載認為性的由來是，「合虛與氣，有性之名」，即所謂性是包含「太虛之性」或「天地之性」，以及「氣質之性」，即與情相關的性。那麼，「心」究竟從何來而能夠主宰性情呢？張載的回答是，「心」這個概念是從「性」和「知覺」而來的。他明確地說：「有無一，內外合，此人心之所自來也⓱。」這裡所謂「有無一」的用意是，性是「有

---

⓬ 《張載集．正蒙．大心》，頁 25。

⓭ 《張載集．性理拾遺》，頁 374。

⓮ 《張載集．正蒙．太和》，頁 9。

⓯ 《朱子語類》，卷 53。

⓰ 同上書，卷 98。

無虛實通為一物者」[18]；「內外合」是人內在的感官與外界的事物交感，所產生的知覺相合而成的知識。也就是說，知識是由於人的主觀認知和客觀事物結合而得來的。換句話說，張載認為，性是從虛與氣而來的，心是從性和知覺而來的。那麼，心也是從太虛或氣（因「太虛即氣」）而來的，因為心具有虛的特性。可見他以客觀宇宙的形而上理論作為闡析「心」的學說的根據。

對於人的知識有無限制這個問題，張載的回答是站在可知論理論的立場。他說：

> 須知耳目外更有物，盡得物方去窮理，盡了心。性又大於心，方知得性便未說盡性，須有次敘，便去知得性，性即天也。[19]

這句引語明顯地指明，據張載的見解，除了人的耳目所接觸的外界事物之外，還有超乎有形世界的實在境界的存在，並是人所能夠認知的，也應當追求去認知的。在這點上張載是吸取孟子所說的：「盡其心者，知其性也；知其性，則知天矣[20]。」

在中國哲學史，儒學的一大貢獻，即對於知識的看重。但是，早期儒家以及宋明新儒學家都認為，知識的目的不是為著知識本身，而是以道德和實際價值為探索知識的目標。張載的知識論觀點也不例外。這種看法與所謂不可知論學說大有關係。上面曾提過（頁108），知識即道德是古代希臘蘇格拉底的教學核心，也是柏拉圖和

[17] 《張載集．正蒙．乾稱》，頁 63。

[18] 同上註。

[19] 《張載集．語錄上》，頁 311。

[20] 《孟子．盡心上》，VII 上 1。

亞里斯多德所主張的。無疑的，真理從他們的立場是人所能知，也應當求知的。但是，在西方近代哲學的德國哲學家康德，卻把以往的形而上學與知識論傳統推翻了，而強調知識和道德是人的兩不相同的活動，並屬於兩不相同的範疇。他把「知識」這個概念解釋為經驗理性化，因為他試圖把十七世紀在歐洲流行著的理性主義，與十八世紀在英國所盛行的經驗主義綜合起來。康德贊同理性主義者的看法，認為人的心靈具有某種先驗的形式；同時也同意經驗學派的觀點，主張人的心靈是思維他所經驗的。但據康德的見解，在人的心靈裡，除了經驗之外還有某種東西，即心靈本身。他推翻了以往知識論學派所假定的，即以人的知識是依據外在的事物，而強調外在的事物應依照人的認知。這就是對於客觀的被認事物與主觀的認知者，兩種相反的看法。還有，據康德的理論，人的知識只限制於他對於自然現象世界事物的經驗和判斷而已。就是說，人不能夠有超乎經驗範圍之外的知識，因為所謂「自在物」(things-in-themselves) 是不可知的。因而，在形而上學，康德是一位不可知論者。他認為，道德是屬於另一個世界，因為倫理道德所關注的，不是知識的問題，而是道德行為的問題。雖則人的知識對於古往今來的哲人所關切的三個重要哲學問題，即人有無自由意志，上帝是否存在，與人的靈魂是否不朽，然而從道德行為方面說，人對於這三大問題的答案，可以憑著一種信念，從道德行為去體驗這三方面的實在性。就是說，人應當假定有道德行為的自由意志，人應當假定上帝是存在著並是最高的道德律，人應該假定永生是一種合理的希望；否則道德是不可能的。簡言之，康德把知識和道德區別為兩種不同的領域。前者限於自然現象世界，後者屬於倫理道德的義務世界。

回到張載的知識可知論觀點。他會贊同康德，認為自我，即人的心靈，與非我，即外在的事物，是構成知識的兩重要因素。他尤其會賞識康德所特別強調的，即以人的心靈為自然界事物的主動發問者。但是，他對於康德所主張的不可知論學說，是由於把知識與道德視為屬於兩不相干的領域的結果，而會感到不滿。張載承繼傳統儒學的觀點，認為知識即道德，並把他的知識論建立在形而上學的基礎上，這就是他所說的：「由太虛，有天之名；由氣化，有道之名；合虛與氣，有性之名；合性與知覺，有心之名[21]。」這四句話指明有前後的互相連貫性，以及他對於四個概念所下的定義，「天」就是太虛，也就是無限的自然世界；「道」是太虛即氣的變化的過程；「性」是含著太虛之性，即天地之性和氣質之性；「心」是性和知覺內外之合，包括他所謂德性之知和見聞之知，這兩種知識即將繼續討論。

## 三、「見聞之知」

如何求知與知識的來源是什麼?張載對於知識論這第二個問題，是以他所謂「見聞之知」和「德性之知」去解答。為著排斥佛學的虛空夢幻主觀理論，張載再次強調，外在的客觀現象事物以及內在的人類心靈，這客主兩體都具有獨立存在的真實性。因而，人之所以有知識，是由於他的感官和外物接觸之合。他說：

> 天之明莫大於日，故有目接之，不知其幾萬里之高也；天之聲莫大於雷霆，故有耳屬之，莫知其幾萬里之遠也；天之禦

[21] 《張載集．正蒙．太和》，頁9。

莫大於太虛，故必知廓之，莫究其極也。㉒

就是說，外在世界有形色有聲音，人卻有目能睹有耳能聽，並在宇宙間有廣大的太虛。但是，每個人對於這個充滿著無窮盡事物的自然界，不斷地在變化中的太虛，究竟從所見所聞得來的知識，是很有限的。他又說：「今盈天地之間者皆物也，如只據己之聞見，所接幾何，安能盡天下之物㉓？」這點關於人在見聞之知的有限，雖是一種普通常識的看法，可是在知識論上卻蘊含著一個重要的問題，即內在的人心和外在的現象世界這兩種實體的關係為何？

張載對於上面所提的這個問題，可以引他所說的一段重要的話：「由象識心，徇象喪心，知象者心，存象之心，亦象而已，謂之心可乎㉔？」意思是，「象」是外界物的形象。因由於人的感官與外在某種事物的形象接觸之後，心有了認知的印象和觀念。譬喻說，看見孩童將陷入井的現象，所給的印象和觀念是一種危險的現象，並使人發生惻隱之心。這就是張載所謂由象識心的用意。但據張載的見解，若人的心靈只偏執於外界形象事物，而只為外物的「倉庫」而已，那麼，心靈便等於形象罷了，心靈的真正意義因而喪失了。由此可見，如在上面已提過（頁 111），張載雖會贊同英國經驗論者洛克的看法，主張人初生下來的心靈狀態是空白，知識是由於接觸外界的事物得來的。可是他與洛克的不同點，即他強調人的心靈是自動的認知者，而洛克把人的心靈視為是被動地接受外物所給的印象而已。洛克的經驗論，也可稱為感覺主義，以後由十八世紀英國

㉒　《張載集．正蒙．大心》，頁 25。

㉓　《張載集．語錄下》，頁 333。

㉔　《張載集．正蒙．大心》，頁 24。

經驗主義者休謨 (David Hume, 1711–1776) 承續而走向極端的經驗論理論。據休謨的觀點，所謂心靈僅僅是不同的知覺集合在一起而已。就是說，人只能夠認知連續地一來一往的印象和觀念，即心好像一戲臺，有了不同的感覺先往後繼一幕一幕排演出來罷了。休謨這種經驗論學說被認為是一種徹底的懷疑主義，因為人對於宇宙的知識所憑理性原則，是無從證實或肯定的（休謨的知識論觀是針對十七世紀在歐洲所流行的理性主義的缺憾，加以批評。他提出許多富有挑激啟發性的純哲學問題，為以後不同學派繼續探索的基礎。也可以說他是英國在西方近代哲學史最有影響力的哲學家之一)。

據張載的見解，人的心靈不是像西方經驗主義思想家所認為，只有被動接受外物的各種刺激的作用而已，也不僅僅是把各種不同的印象和觀念搜集在一起的。他繼承中國傳統思想的一特點，即強調人的心靈是自動的認知者，在這點上，張載的心說可與德國大哲人康德的知識觀相比，他會贊同康德的看法，人的心靈不是依據從外界事物所獲得的經驗，相反的，人對外界事物的經驗是依靠心靈這自動認知者。因而，從宇宙論點說，張載是站在實在主義的立場，主張外在自然界以及人的心靈都獨立存在，但從知識論點說，他是一位直覺主義者，認為知識的來源，除了從耳目所得聞見的知識之外，還有他所謂德性之知，將在下一節討論。

張載的心學也是根據他的宇宙論學說為基礎。就是說，客觀現象界在原來狀態是虛空的，並是心之所由來，因而，本心在原來狀態也是虛空的。心學是佛教的思想核心，在中國哲學史，佛教——尤其禪宗這個學派——占有重要的地位。禪宗繼承釋迦佛的所謂「以心傳心」，並著重「心空」這一個概念。在《壇經》書中說：「心量廣大，猶如虛空……若空心靜坐，即著無記空。善知識，世界虛空，……心體無滯，即是般若[25]。」這個「心空」學說是以「無念」為主。據禪宗的學說，人心與宇宙萬物的關係，可分為四種，即所謂「奪人不奪境，奪境不奪人，人境俱奪，人境俱不奪」[26]。意思是，第一，奪人不奪境，就是所聞所見不是人，而只是外界的事物而已。第二，奪境不奪人，就是所聞所見不是外界的事物，而只是人而已。第三，人境俱奪，就是所聞所見，既不是人又不是外界的事物，這雖是進一步不偏滯於人和境，然而還有意念的含意。第四，人境俱不奪，這就是超越以上三種，而達到「無念」的最上層境界，能夠明心見性，頓悟成佛了。

張載對於心靈在原來狀態為虛空的觀點，可能是受了禪宗的「心空」學說的影響。但事實上，禪宗所談的心說，即心能夠產生印象和觀念，並能夠也應當超越那些印象和觀念，以達到所謂「無念」的境界，在中國傳統思想是早就談過的。莊子在他的著作中曾說：「虛者，心齋也[27]。」他所謂「心齋」，就是使心把思慮的知識忘掉，而進入虛的境界。荀子在他的〈解蔽〉篇中也談虛，他說：「人何以知道？曰，心；心何以知？曰，虛壹而靜。心未嘗不臧也，然而有所謂……不以所已藏害所將受，謂之虛[28]。」荀子在這段引語對於「虛」的用意是，心雖已有了儲藏著的知覺經驗，卻不因而阻礙將又有所接受的。張載和荀子都認為，人心是主動的認知者，能夠從接觸和接受外界的事物而產生印象和觀念，這就是所謂見聞之知。但他也會賞識莊子和禪宗所著重的超越知覺的知識的「坐妄」

---

[25] 《大藏經》，卷 28，頁 350。

[26] 《四科篇》。

[27] 《莊子．人間世》。

[28] 《荀子．解蔽》。

和「無念」境界。不論張載的心說是否受了禪宗所影響，他與禪宗有兩不相同的重點。第一，張載重複地強調，客觀宇宙是存在著，並是人心的起源，但這點卻是禪宗所未曾提的。第二，張載同樣地著重，在宇宙間以及人類社會有一永恆的普遍道德律，即他所謂「天地之性」，人具有良知並有道德義務去追求與天地同參。禪宗在這方面也忽視了。

因而，張載認為，從「見聞之知」的各種例證，可以確信客觀宇宙的獨立存在。在他的《正蒙》書中，讀者可見張載在見聞之知所下的工夫。雖則他處在一個缺乏科學實證的時代，然而他對於自然界多方面，諸如天文、生物、心理、物理等，都具有強烈的興趣與仔細的觀察。對於天體的觀察，他說：

> 凡圜轉之物，動必有機；……古今謂天左旋，此直至粗之論爾，不考日月出沒、恆星昏曉之變。愚謂在天而運者，惟七曜而已。……太虛無體，則無以驗其遷動於外也。㉙

這就是他所表示的一種自然主義觀。在地理學，他說：

> 地，物也；……地有升降，日有修短。……陽日上，地日降而下者，虛也；陽日降，地日進而上者，盈也；此一歲寒暑之候也。至於一晝夜之盈虛、升降，則以海水潮汐驗之為信。㉚

㉙　《張載集．正蒙．參兩》，頁 11。

㉚　同上註。

這就是張載觀察的結論，根據地在一年中有升降，在一晝夜中也有升降所描寫的。從物理現象的觀察，他說：

> 聲者，形氣相軋而成。兩氣者，谷響雷聲之類；兩形者，桴鼓叩擊之類；形軋氣，羽扇敲矢之類；氣軋形，人聲笙簧之類，是皆物感之良能，人皆習之而不察者爾。㉛

在這句引語中所提的「氣」這個名詞，張載的用意是，氣在非固體的狀態，並無形而上的含意（氣這個字的語源，是含著蒸飯上升的氣之意)。他以為，類此的種種物感的現象，都是人人所熟識的，可是一般人卻不加以觀察罷了。在心理學和寤夢的關係，張載的解說是：

> 寤，形開而志交諸外也；夢，形閉而氣專乎內也。寤所以知新於耳目，夢所以緣舊於習心。醫謂饑夢取，飽夢與，凡寤夢所感，專語氣於五藏之變，容有取焉爾。㉜

這段話的要意，即人可以從耳目所聞見的獲得新的知識。但對於氣在人的五臟（心、肺、肝、腎、脾）所發生的變化作用，張載的用意何在卻不易了解。總言之，張載對於自然現象世界從觀察所得的結果，雖缺乏科學的根據，可是他在見聞之知上的探索精神，不能不說是一種有創新性和啟發性的貢獻。

從上面所討論的，雖則張載著重見聞之知的重要性，然而他的

---

㉛ 《張載集．正蒙．動物》，頁 20。

㉜ 同上註。

知識論並非一種經驗主義學說，因為所謂經驗主義，是以人的感官經驗為知識的唯一來源，就是說，人的知識不能與他的感官所接觸的事物分開而得來的。張載再三提醒讀者，客觀現象世界不是好像佛教所主張為幻夢的，卻是無可疑惑地存在著，並從人的耳目所聞所見，可以證明這個在千變萬化的廣大宇宙的實在性。但是，人的見聞之知歸根結底不僅僅是很有限，而且人在這個現象世界所認知的，更加重要的，是為著追求人類最高的目標。張載是早期儒學思想的繼承者之一，認為知識的目的不是為知識本身，乃是為倫理道德的，這就是張載所格外關注的所謂「德性之知」。

## 四、「德性之知」

張載對於「德性之知」這個知識論的概念有很詳細的解釋。首先，「見聞之知」和「德性之知」是從兩種不同的來源獲得的。引他自己所說的：

> 見聞之知，乃物交而知，非德性所知；德性之知，不萌於見聞……人病其以耳目見聞累其心而不務盡其心。[33]

他又說：

> 若聖人則不專以聞見為心，故能不專以聞見為用[34]……有知乃德性之知也。[35]

---

[33] 《張載集．正蒙．大心》，頁 24, 25。

[34] 《張載集．正蒙．乾稱》，頁 63。

這幾句簡單的話，指明張載並不忽視見聞之知，而是把從耳目對於客觀現象界所得來的知識，認為是一重要的階段。但是，他所更加關注的就是，知識的最終目的是為著使認知者成為聖人。一個人的知識達到聖人的階段，便是他所謂「德性之知」了；雖則認知者具有多見多聞的知識，卻不受其所見所聞之限制。就是說，德性之知是張載所謂：

> 誠明所知乃天德良知，非聞見小知而已㊱……天良能本吾良能，顧為有我所表爾。㊲

這句引語所提的「良知」和「良能」是兩個互相關係的重要名詞。

在《孟子》書中，對於良知和良能這兩個名詞有了清楚的定義：「孟子曰：人之所不學而能者，其良能也。所不慮而知者，其良知也㊳。」無疑的，張載吸取孟子對於「良能」和「良知」所下的定義。孟子所提的「良知」這個概念與他所主張的人性為善學說，是互相聯繫的。人之所以能夠辨別是非，據孟子的見解，是他所謂「是非之心，智之端也」㊴，即是非之心為人心的四端之一。這種辨別是非的知識，不是由外得來的，乃是人生下來所賦有的能力。孟子所提倡的「良知」學說以後由陸九淵 (1139–1193) 和王陽明 (1472–

㉟ 《張載集．經學理窟．學大原下》，頁 282。

㊱ 《張載集．正蒙．誠明》，頁 20。

㊲ 同上書，頁 22。

㊳ 《孟子．盡心上》，VII 上 15。

㊴ 《孟子．公孫丑上》，II 上 6。

1529) 加以發揮和擴充，而成為新儒學的一重要所謂心學學派。雖然張載完全同意孟子對於「良知」這個概念所闡明的意義，可是他把「德性之知」這個名詞代替「良知」，作為解釋他自己的知識論理論。據張載的觀點，知識可以分為兩種，即「見聞之知」和「德性之知」。前者的對象是有形的客觀現象世界，後者的對象是無形的天道天德的良知；前者是認知者的知覺與外物的接觸，後者是認知者內在的道德修養。因而，前者可以說是一種知覺經驗方法，後者可以說是一種直覺方法。

所謂「直覺」，廣義地說，是認知者對於某種知識對象可以由直接理解得來，而不必依靠理性的方法。在西方傳統倫理學，直覺主義的重點是，人對於某種行為能夠有辨別是或非、正確或不正確的知識，即對於那些行為本身有著一種直接的直覺。上面已談過，古代希臘大哲人蘇格拉底的知識論觀，他認為「知識即道德」（頁108），雖則他強調，理性或思維為哲學探索的必要途徑，然而要達到真理的最終步驟是依靠直覺的方法。這並不是說，蘇氏的知識論是一種帶有神秘主義意味的直覺主義，乃是說，他認為在追求真理的歷程中，理性或思維的方法只能夠帶認知者到了某階段，最後的一步就要求助於直覺方法。因而，蘇格拉底與古代希伯來在《舊約聖經》所記載的一批先知的不同是，後者就是神秘主義者，確信人能夠與上帝直接交往，而他們在各不同的時代所發揚的預示呼聲，都是由上帝直接給他們啟示的。簡言之，所謂「神秘主義」，是一種宗教學說，認為人對於真理能夠有直接密切的關係和意識，而非理性所能解釋的。換句話說，希伯來先知是宗教家，信仰人神之間的神秘直接關係，蘇格拉底是哲學思想家，以理性的探索精神並通過直覺方法為追求真理的途徑。

在英國十七世紀最占優勝的倫理直覺主義，是所謂「道德感學派」(Moral Sense School)。這個學派所主張的是，一切倫理道德概念，如良善、正當、義務等等，都以直覺為基礎。舉這學派的代言人之一，巴特拉耳 (1692–1752) 作為比較。巴氏在他的名著《人性論十五講》書中，闡明人天生賦有他所謂「自愛」、「愛人」和「良心」，這三種美德，自愛與自私是兩個對立的名詞。自愛是一種美德，因為任何人若不顧愛自己，怎麼能夠顧愛別人。愛人或慈心是一種利他主義，也是人與生俱有的，如敬老慈幼友愛等熱情，雖則利他的行為不一定都是正當。最重要的德性是，人具有良心，使人不僅能夠認知和辨別是非，並把自愛和利他的不同情緒調和，而配合道德規律。他說：「每一個人自然而然地是他自己的規律，並向自己的內心尋求那條正當的規律以及遵循它的義務[40]。」他引偷竊這行為是不道德的；從自愛方面看，它是一種鹵莽的行為；從利他方面看，它是滅了別人的幸福；從良心方面看，偷竊是絕對地一種非道德的。簡言之，據巴特拉耳的倫理直覺學說，人具有直接認知的良心或直覺，不單使人能夠辨別是非，並指揮他去實踐正當的道德行為。這種理論和新儒學的觀點頗為相似（英國十七世紀的倫理直覺方法論，是不是受了中國倫理學的影響，值得對於這個問題有興趣的學者加以探討的）。

二十世紀的西方哲學可以稱為「百家爭鳴」，多種學派出現的時代。直覺主義由於法國哲學家柏格森 (Henri Bergson，1859–1941) 系統地闡釋，而成為所被重視的一學派。為與張載的知識論相比較，在這裡先把柏格森的知識論觀重點簡略提要。柏氏的思想是代表二

---

[40] Joseph Butler, *Fifteen Sermons Upon Human Nature* (London, 1726), III, p. 19.

十世紀的精神，即對於過去的傳統哲學加以批評。他特別批評康德，認為後者的所謂不可知論學說，已不符合時代了。據柏氏的觀察，二十世紀的新思想潮流有了兩種特點，即是移動和變化這兩方面。因而，他主張，宇宙的最終實在應當從進化論為出發點，並以他所謂「生機」(élan vital) 為本體論的主要概念，意思是，宇宙充滿著一種生命活力，柏氏把知識分為兩種，即觀念或理性的知識與直覺的知識。從理性或觀念得來的知識，他認為是：(1)對於外在事物的認知，(2)死板的知識，因事物常在改變歷程中，理性觀念卻不改變的，(3)相對的知識，因只憑著個別認知者的興趣和觀念而已，(4)片面的知識，因認知者對於某種事物的個別興趣，所認識的僅是他所關注的某部分而已，(5)理性或概念僅把事物分析，卻不能把所分析的重合為整體。由此可見，以柏格森的見解，理性的方法所獲得的知識是很有限。他乃強調著，由直覺方法獲取的知識，是超過理性和感官所能認識的。他把直覺這個概念所下的定義是：「所謂直覺，就是一種理智的體會，使一個求知者把自己置身於某種外物之內，而與它的獨特處相符合，因而是不可能表達的[41]。」這個定義的含意是，雖則直覺的知識是不可能表達的，然而它是超越理性的知識。因為通過直覺的方法，求知者能夠解答理性所不能解答的哲學問題。譬喻說，化學的簡單方程式，$2H + O = H_2O$，讀過化學的都明瞭其意思，即兩份氫氣加上一份氧氣便成為水。這是一種科學知識，可以表達，並能夠傳達給別人的。但這種科學知識，是屬於理性或概念的領域，對於人所追求的哲學真理，如最終實體的哲學問題，就必須依靠直覺的方法。因為，直覺的知識是：(1)內在的知識，因而超乎對於外在事物的認識，(2)生動和有創造性的知識，而非固定的，

[41] *Introduction to Metaphysics* (New York, 1913), pp. 3–4.

⑶絕對的知識，而非按求知者的興趣和觀點為轉移，⑷整體的知識，而非局部的意見，⑸綜合的知識，而非界限於分析而已。總之，柏格森不僅對於這兩種知識加以區別，他還強調著，直覺的知識（即哲學知識），和理性的知識（即科學知識），可以建立在直覺方法基礎上統一起來。就是說，據柏格森的知識觀，從反面看，他是站在反對不可知論主義和理性主義的立場，從正面看，他是一位徹底的直覺主義和可知論主義的現代哲學家。

現在回到張載的知識論。他與上面所提的兩位西方直覺主義者，即英人巴特拉耳和法人柏格森，有了相同和不同觀點。明顯的，這三位中西哲人都認為，直覺方法能夠使求知者解答超自然領域的哲學問題。因而，他們都可以說是可知論主義者。張載和巴氏的相同點是，他們分別所謂「德性之知」和「良心」是人與生俱來的，據巴氏的主張，人天生便有「良心」，因而有辨別是非的本能。同樣的，張載著重，每個人都賦有「良知」，雖則有人生而知之，有人生而不知，可是他確信，各人若下工夫都可以成為聖人。還有，張載和巴氏都認為，知識即道德，所以知識不是為著知識本身，而是以道德生活作為目的。但是，張載和巴氏的不同觀點，即巴氏站在基督教傳統的立場，強調上帝為全能、全知、全善的神，並按照祂的形像造人，因而是世人的天父，人應當遵奉祂的旨意。那麼，巴氏是一位超自然主義者，相信人的知識是從上帝啟示給人而得來的。無疑的，張載確信，除非假定一普遍的天地——即乾坤——為同一的父母，要建立一種客觀的道德標準，是不可能的，並且所謂「民吾同胞」便無何意義了。稱乾坤為父母，人的是非行為，便有了普遍道德規律的基礎。再者，人的「良知」雖是與生俱來的，然而個人與社會的福利是全靠人自己的決心和實際的努力。因而，張載不會贊同巴氏的超自然主義觀，以遵從上帝的旨意為準則。他是主張人文主義學說，即以當前社會的改善和人類的幸福以及正義為「德性之知」的目標。從人文主義觀點說，張載和康德的實踐倫理學說較為相近，雖則他不會同意康德的不可知論學說，但康德認為，道德與宗教在基本上是相同，因宗教的核心是對於良善的實在性，以及實在的良善性的一種信託，這種說法是張載所能接受的。

張載和柏格森都是反對理性主義的思想家。他們分別把知識分為兩種，即前者所謂「見聞之知」和「德性之知」，後者所謂「理性的知識」和「直覺的知識」。據他們的主張，「見聞之知」和「理性的知識」是對於外界事物的認知，也就是科學的知識，並是必要的。他們也都認為，這種知識是有限制，不能夠深一層對於那些人所關切的哲學問題有所解答。同樣的，他們都確信，人具有超乎「見聞之知」和「理性的知識」的能力。因而，這兩位中西哲學家，都主張可知論學說，而反對康德的不可知論理論。但他們的主要不同點是，柏格森的「直覺的知識」，是為著解答形而上學的問題。雖則他認為，宇宙是有一種活動力的「生機」，然而它並非有道德價值的涵意。但據張載的見解，「德性之知」是為著解答倫理道德的切身問題。他再次強調，宇宙的實體是「太虛」，也稱為「太和」，並充滿著道德價值的意義。他說：「蓋聖人有一善之源，足以兼天下之善[42]。」

總而言之，張載的知識論觀點，人只有依靠「德性之知」，才能夠認識這種最高的良善道德領域。知識是以倫理道德為最終目的，並且是人所能夠尋求得到的。他說：

---

[42] 《張載集．經學理窟．詩書》，頁 257。

> 人欲無饜而外物有限，惟道義則無爵而貴，取之無窮矣[43]……富貴之得不得，天也，至於道德，則在己求之而無不得者也。[44]

由此可見，張載認為，君子與小人的區別是，前者上達求「德性之知」，後者下達而萌於「見聞之知」。一言概括，張載對於知識論的第二個問題，即知識的來源為何，從上面所討論的，他既非經驗主義者，以知覺為知識的唯一來源，亦非理性主義者，以理性為最可靠的知識來源。明顯的，他是主張直覺主義的學說，以直覺為能夠使求知者直接理解天地之性。

## 五、真理的意義

知識論的第三方面所包括的問題是，如何確定求知者所探索得來的知識是可靠或不可靠？正確和不正確的標準是什麼？怎樣辨別真和假、是和非？這些互相關係的問題，就涉及西方哲學知識論著重的所謂「真理」這個概念了。首先，張載曾說一句有關這些問題的話，他說：

> 有知乃德性之知[45]……聞見之善者，謂之學則可，謂之道則不可。[46]

---

[43] 《張載集．經學理窟．學大原下》，頁 282。

[44] 《張載集．經學理窟．學大原上》，頁 280。

[45] 《張載集．經學理窟．學大原上》，頁 282。

[46] 《張載集．經學理窟．義理》，頁 273。

但是，所謂「有知乃德性之知」的意思是什麼？以何標準作為確定所認知的是真理呢？

在西方哲學史，真理是什麼？是知識論的一個很被重視的問題。所謂「真理」有三種傳統的理論，㈠符合理論 (correspondence theory)，㈡連貫理論 (coherence theory)，㈢實用理論 (pragmatic theory)。第一，符合理論是著重在人的觀念和客觀事實的一致。一個命題，或觀念，或信仰是真確可靠的，假如它與某種的事實相合，譬喻說，「在月球沒有生物存在著」，這句話是真確可靠的，因為它的意思和那些去過月球的宇宙航員所親眼看的事實相符合。這種說法不僅是許多西方思想家，尤其實在主義者，所主張的，並是和所謂「普通常識」的看法相近。這種理論似乎簡易，卻有其缺點。最明顯的困難是，如何確定認知者和被認知的事物是恰恰「符合」呢？所謂「符合」是認知者的知識和外物「相像」，或「模仿」那些事物呢？如果認知者對某種事物無所認知，怎樣和那種所不知的事物比較呢？還有，如何確定有關價值——即非事實——的命題或信仰的可靠性呢……等等。

第二，連貫理論的主要提倡者，是理性主義哲學家。這個真理理論的產生，一方面是對於符合理論的不滿意，即如上面所略提的一些困難問題。另一方面，連貫理論者所以提出「連貫」以代替「符合」，因為「連貫」是一種邏輯特性，蘊含著有關觀念的互相聯繫，而不著重主觀觀念和客觀事物兩方面的符合。因而，據連貫理論者的見解，一個命題或信仰或概念是真確的，假如它和所已認知的知識彼此諧調。比喻說，一個三角形是等於兩個直角，即 $\angle ABC + \angle BCA + \angle CAB = 180°$，這形式方程式是千真萬確的（這裡指歐克里得幾何，Euclidian geometry，非實驗幾何，experimental geometry），因而是可靠的。但連貫理論也有其困難問題，即如何確定觀念的彼此聯繫和事實是相符合呢？這是其中問題之一。總之，連貫理論著重觀念之間的合理性，符合理論關注觀念和事實的一致性。

第三，真理的新近理論是所謂實用理論，其產生是為著避免對於上面所提的符合理論與連貫理論的那些異議。實用主義 (Pragmatism) 這個名詞是美國朴爾士 (Charles S. Peirce，1839–1914) 初次在他所發表的一篇論文〈怎樣使我們的觀念清楚〉，他說：「用這個名詞（實用主義），因為夠醜了，不怕有綁架者的危險[47]。」但朴氏在 1878 年所提的實用主義這個名詞，卻成為二十世紀西方哲學的一個主要的學派，是唯一的西方哲學學派在美國產生的。實際上，在早期的哲學家，如蘇格拉底、亞里斯多德，尤其康德的思想，都含有把哲學實用化的成分。因而，實用主義曾被認為是，一個新的名稱去解釋一些舊的想法。現代實用主義最得力的代言思想家是詹姆士 (1842–1910)。他同意朴爾士所著重的主張，任何概念是一種行動的計劃，即有實用的意義。因而，他們都認為，「理性」是不能夠使求知者對於形上學的問題充分的答案。詹氏進一步把真理解釋為能發生效用的，就是他所說的：「一個概念是真理，因為它是有效用；一個概念是有效用的，因為它是真理[48]。」這句話是對於那些難以解答的宗教真理的問題而說的。引詹姆士的譬喻，上帝有無存在？從科學方面看，這是一個不可能回答的問題，唯一的答案是一半有，一半無。因為科學既不能夠證明上帝有存在，亦不能夠證明上帝無存在。但是，古往今來人們都問起這個重要的宗教哲學問題。

---

[47] "How to Make Our Ideas Clear" in *Popular Science Monthly*, 1878.

[48] *Essays in Pragmatism* (New York: Hafner Press, 1948), p. 162.

詹姆士對於這個問題的答案是，假如一個信徒相信上帝的存在，對他的人生觀發生了富有意義的效果，那麼上帝的存在這一種信仰為這位信徒是真確的。相反的，如果一個非信徒認為上帝不存在，因對他的生命無發生任何效用，這種看法也同樣地真確。但是，詹姆士清楚地把科學的真理和宗教的真理區別。前者能夠並必須有公共的證據，後者不可能有公共的證據，只能有個別人內在的證據而已；前者能夠有普遍的真理，後者只能夠有多種的個別真理。明顯的，據詹氏的見解，宗教真理是個別人的問題，所謂實用，就是依據每個人心理和情緒上能否發生效用而確定。簡言之，實用理論者企圖把上面所提的兩種真理理論綜合起來。實用理論承認符合理論對於事實方面的重要性，同時也承認連貫理論對於觀念前後的互相諧調的必要性。但詹氏的實用知識觀，特別著重真理為一種價值，因而，必須以個別人的意志為探索價值真理的基本因素。總之，在西方哲學史，「真」和「美」和「善」在柏拉圖的哲學系統就已成為三位一體的價值。以後歷代都有思想家，對於這三個概念加以闡述和系統化，真理是知識論所不能不關注的概念。

在中國哲學史，「善」是歷代哲學家所最重視的概念，也是被公認為人類的抱負最高領域。雖則中國思想家並不忽視「真」和「美」，然而他們對於這兩個概念的探索是間接和非系統化的，與西方哲學相同的所謂「真理」，是佛家的名詞。據佛教的教義，真理這個概念蘊含著一種絕對和真正原則的意義，與現象世界相對立的。事實上，這個名詞未曾在古代經典中提過，莊子曾經用「真」這個字描寫他的所謂「真人」，他說：「古之真人，其寢不夢，其覺無憂……不知說生，不知惡死……不忘其所始，不求其所終；受而喜之，忘而復之……是之謂真人[49]。」這段話說明，莊子所形容的真人，是達到無思無慮知識的真理境界了。在早期的道學家，莊子在知識與真理的關係所闡述的，指明他是最深刻的知識論者。據他的見解，一切知識都是相對的，因為任何人的知識，無論多深多廣，僅僅是片面的。他進一步爭辯著，知識包括兩部分，第一是被認知的客觀事物，第二是主觀的認知者。從事物方面看，認知者對於某種事物的描寫，不論大或小，是或非，真或假，彼或此，是不能有明確的肯定或否定，因為那種事物是和其他許多事物有著不可分開的互相關係。從認知者方面看，一個人不能假定他對於某種事物所認識的，也就是別人對於那同樣的事物所認識的，因為明顯的，不同的認知者對於同樣的事物，是從不同的觀點，而有著不同的意見。此外，一個認知者對於某一事物的意見，也因在不同情況而變易。亞里斯多德曾對於所謂「真」和「假」下個定義說：「否定那為是的，或肯定那為非的，就是偽假；肯定那為是的，和否定那為非的，就是真理[50]。」莊子會把亞氏在真理和偽假所下的定義認為，這種知識只是形式的、分析的、固定的、局部的，和相對的而已。一個「真人」，或真理尋求者的知識是超越一般的知識階層，即所謂有「彼」或「此」區別的階層，而走上那無「彼」無「此」區別的上層領域。他說：「是亦彼也，彼亦是也；彼亦一是非，此亦一是非。果且有彼是乎哉？果且無彼是乎哉？彼是莫得其偶，謂之道樞[51]。」意思是，在這個無所謂是非，彼此區別的境界，也就是道的樞紐了。

　　但是，莊子所強調的觀點，即真人的最高知識階層是無思無慮的知識，卻與《老子》書中所說的「聖人……常使民無知無欲」[52]

---

[49]　《莊子．大宗師》。

[50]　*Metaphysics*, 1011b 26.

[51]　《莊子．齊物論》。

是兩樣的。這句引語指明，老子主張拋棄知識，莊子並不忽視知識，而是著重那種超乎邏輯科學的知識。這就是道或真理的境界，是人所應當尋求的超越知識境界。雖則據莊子的見解，所謂道，或絕對的真理，不是人的理智所能夠認知的，可是人能夠從內在的經驗去體會絕對真理的實在性。這種內在經驗，是超乎理性知識，即「無思無慮知識」的純粹經驗，這個境界就是莊子所描寫的「真人」所達到的境界。換句話說，據莊子的知識論學說，這兩個命題，即普遍真理的不可知性和個人由內在經驗去透識真理的可能性，並非不一致的。那麼，從所已簡述的，莊子對於知識論所包括的問題，即如何辨別真或假、可靠或不可靠的問題，已經不成問題了。因為知識的目標，是從這個普通有差別思慮的知識境界中，尋求達到那個高一層的無區別，無思無慮知識的領域。明顯的，莊子對上面所提的三種真理理論，即符合理論、連貫理論，和實用理論，都不會同意，因為他是站在一種直覺主觀的立場。莊子的知識論觀點也被認為是一種神秘主義，馮友蘭說：「莊子之哲學，……亦注重神秘主義也……以神秘境界為最高境界……[53]」並把神秘主義的定義說是：「專指一種哲學承認有所謂『萬物一體』的境界，在此境界中，個人與『宇宙之全』合而為一，所謂人我內外之分，俱已不存[54]。」照這個定義，莊子也可以說是一個神秘主義的思想家，但他的神秘主義和西方的神秘主義不相同，因為莊子所強調的，是個人內在的單純經驗作為修養的最高境界；後者，尤其猶太基督教神秘主義相信，個人與上帝或至上真理能有直接相通的經驗，如上面所提過的

[52] 《老子》，章 3。

[53] 《中國哲學史》，上冊，頁 165, 304。

[54] 同上書，頁 164。

（頁 123）。

真理是什麼？儒學鼻祖孔子對於這個問題是，好像在《新約聖經》[55]中所記載的故事關於耶穌基督對於比拉多所問的這個重要的問題，同樣地沉默無言，雖則他的理由是不相同的。實際上，在《論語》書中，「真理」這個名詞並未提到。但明顯的，孔子在這個問題上之所以沉默無言，因為真理是屬於一超過人的知識和語言所能表達的，所以他的門人有記錄說：「子曰：未能事人，焉能事鬼？敢問死，未知生，焉知死[56]？」又說：「子不語怪、力、亂、神[57]……敬鬼神而遠之，可謂知矣[58]。」這幾句引語指明，孔子認為這些問題是不恰當，不可能解答的。意思並不是，他對於「真理」或「道」不關痛癢，相反的，孔子所關注的是人文化的真理，即與人類社會有切身關係的真理。因為真理是存在於個人內心，而非只是一個描象的概念，獨立存在著使人分析而已。在這意義上，真理僅能夠間接地和含蓄地傳達，卻不能夠直接地和明顯地傳達的。柏拉圖把他的形而上學分為兩不相干的雙層世界，即低一層為物質世界，和高一層為理智或理想世界，這個高一層的理想世界，也就是真美善三位一體的價值領域，是絕對、永恆、獨立存在著。孔子與柏拉圖在各人所抱負的「烏托邦」有許多相似，富有哲學透識的見解。但是孔子會批評說，柏拉圖在其傑作《共和國》(*Republic*)，過份地強調上層的理想世界，因為歸根結底，那是在認識意義上所不可談的境界。並且，柏氏的見解蘊含著兩個問題：第一，就是假定這個理智

---

[55] 《新約聖經 · 約翰福音》，18 · 38。

[56] 《論語 · 先進》，11 · 11。

[57] 《論語 · 述而》，7 · 20。

[58] 《論語 · 雍也》，6 · 20。

世界存在著人如何認知它是什麼？第二，這個理想世界和下一層的物質世界的關係為何？（柏拉圖在他晚年的著作，尤其《法律》，再不強調理智世界，而多著重物質世界以及它與人的關係。）孔子對於第一個問題的簡單回答是，這個世界是超乎人所能認知的，就是他所說的：「知之為知之，不知為不知，是知也[59]。」至於第二個問題，他會直率地回答，要把理智世界和物質世界這兩無關係的世界聯繫起來，只是好像柏拉圖煞費苦心而不見效的。就是說，孔子對於柏拉圖所強調的超自然理想世界，是採取「敬而遠之」的態度。因為他認為，自然界包括了理想世界，這個理想世界是可能實現在人間世。那麼，真理是人追求與自然世界的調諧。他這種人文化的真理觀，以後成為儒學的一種獨特的傳統思想。

那麼，張載的真理觀為何？無疑的，他吸取儒學尋求天人合一的傳統思想，從他所說的：「乾稱父、坤稱母，予茲藐焉，乃混然中處[60]。」透徹地表達了。在他的著作中，與「真理」這個概念最相近的，就是他所常談的「誠」這個名詞。上面已提過，張載認為「誠」是道德修養的必須德性之一（頁 98–99）。在知識論上，他也承繼早期儒學的思想。《中庸》的作者說：「誠者，不勉而中，不思而得，從容中道，聖人也。誠之者，擇善而固執之者也[61]。」意思是，一個具有真理的人能夠遵循適中行為而不必費力，並能夠達到其目標而不必思慮，他就是聖人了。也就是說，一個追求真理者，能夠選擇良善而保持之。換句話說，據儒學傳統思想，真理不僅僅是一個獨立存在的概念，而是依靠人的努力，才能夠達到與天地同

---

[59] 《論語．為政》，2．17。

[60] 《張載集．正蒙．乾稱》．頁 63。

[61] 《中庸》，20．18。

參的領域。這也就是所謂「人能弘道，非道弘人」[62]的含意。但是，張載更加明確地認為，誠的對立是偽。他說：「至誠則順理而利，偽則不循理而害[63]。」這就是他對於「誠」和「偽」這兩個對立名詞的區別，也可以說是對於「真理」和「偽假」的區別。據張載的看法，「誠」蘊含著三方面的意思。從實體論方面說，宇宙世界是實在，至誠的，而非幻夢；從倫理道德方面說，宇宙世界是良善的，非中立或無道德性的；從知識論方面說，就是他所謂：「誠明所知乃天德良知[64]。」

上面已提過，孔子不談形而上的問題，因為他所針對的當前問題，是有關道德社會的實際改造方面。但是，張載就不能不談形而上的問題了，因為他的思想是針對當時還在盛行著的佛學形而上學。雖則張載繼承孔子的思想，確信天地間有所謂道或普遍的真理之存在，可是他用較適合的「虛」與「氣」等名詞，以闡述自己的意思。孔子對於超自然界主張「敬而遠之」的態度，張載卻認為，這個無形的境界是有認知的可能和必要性，因為無形的境界和有形的現象世界是二而一、息息相關的。他進一步解析，探索這個超越感官的境界有兩種不同的方法，即⑴所謂「自明誠」和⑵「自誠明」。他說：

> 須知自誠明與自明誠者有異。自誠明者，先盡性以至於窮理也，謂先自其性理會來，以至窮理；自明誠者，先窮理以至於盡性也，謂先從學問理會，以推達於天性也。[65]

---

[62] 《論語．衛靈公》，15．28。

[63] 《張載集．正蒙．誠明》，頁 24。

[64] 同上書，頁 20。

就是說，自明誠的方法，是先由窮理，然後而盡性；自誠明的方法，是先由盡性，然後而窮理。這兩種方法，雖則目標是一樣，然而先後是不同的。張載認為，應先明而誠，他說：「吾儒以參為性，故先窮理而後盡性[66]。」又說：「某今亦竊希於明誠，所以勉勉安於不退[67]。」大概因為張載生平的教學和為人，強調「自明誠」的方法，他死後由門人推薦頒給「明誠夫子」的謚號，但未得准許。關於這件事曾有記錄寫說：「橫渠之沒，門人欲謚為『明誠夫子』，質於明道先生。先生疑之，訪于溫公，以為不可[68]。」

## 六、「共見共聞」與「眾人之心」

現在回到張載對於知識論第三個問題的見解，即如何確定求知者所探索得來的知識是可靠或不可靠的，是真理或假偽的。上面所提的符合理論（頁 129），無疑的，張載會贊同，耳目為感官知識的來源。就是說，知識是從認知者和被認知的事物互相符合得來的。但他在見聞之知這一知識來源又分為兩種，即他所謂「獨見獨聞」和「共見共聞」。前者是一個人的見解，因受了生理和心理所限制，所認知的不都是可靠；後者是集體對於客觀的公共認識，這種知識才為可靠。他說：

獨見獨聞，雖小異，怪也，出於病與妄也；共見共聞，雖大

[65] 《張載集．語錄下》，頁 330。

[66] 《張載集．易說．說卦》，頁 234。

[67] 《張載集．語錄下》，頁 330。

[68] 《張載集．附錄．司馬光論謚書》，頁 388。

異，誠也，出陰陽之正也。[69]

張載在「共見共聞」這點上，可以引墨子的知識論學說作為比較。在〈非命上〉篇中有一段話說：「然則明辨此之說將奈何哉？子墨子言曰：必立儀。言而毋儀，譬猶運鈞之上而立朝夕者也，是非利害之辨，不可得而明知也。故言必有三表……有本之者；有原之者；有用之者；……上本之於古者聖王之事；……下原察百姓耳目之實；……廢以為刑政，觀其中國家百姓人民之利。此所謂言有三表也[70]。」這就是墨子對於判斷真理的可靠性的三個標準。因為任何言論，如果沒有標準，就好像在旋轉的輪子上作測量日夜的器具一樣，終歸不能得到明確的是非區別。為此，知識的可靠性需要，第一，從歷史方面說，追尋古人的經驗；第二，從現今方面說，根據大眾公共見聞的實情；第三，從實用方面說，考驗符合或不符合國家人民的利益。

張載的所謂「共見共聞」和墨子的第二表，即根據「察百姓耳目之實」為判斷是非標準之一，似乎相同。但在知識論所蘊含著的意義，這兩種看法顯然地不相同。張載清楚地把「聞見之知」限制在感官對於自然現象有形事物的認知。墨子卻認為無形的事物，如鬼神的存在，也可以由第二表證明的。在〈明鬼下〉篇中說：「既以鬼神有無之別，以為不可不察已，……墨子曰，是與天下之所以察知有與無之道者，必以眾之耳目之實，知有與亡為儀者也，請惑聞之見之則必以為有，莫聞莫見則必以為無。若是，何不嘗入一鄉一里而問之：自古以及今，生民以來者，亦有嘗見鬼神之物，聞鬼神

[69] 《張載集．正蒙．動物》，頁 20。

[70] 《墨子．非命上》，章 40。

之聲，則鬼神何謂無乎[71]？」這段引語指明，據墨子的信仰，鬼神不僅存在著，並有超越人的能力，能夠看見人的善惡行為而加以賞善罰惡。但是，張載卻站在與墨子完全相反的立場。在《性理拾遺》中有一段對於鬼神不可能存在的話，張載說：

> 天地之雷、霆、草、木，至怪也，以具有定形，故不怪。人之陶冶舟車，亦至怪也，以具有定理，故不怪。今見鬼者，不可見其形。或云，有見者且不定。一難言，人以無形而移變有形之物，此不可以理推。二難信，人嘗推天地之雷、霆、草、木，人莫能為之。人之陶冶舟車，天地亦莫能為之。今之言鬼神，以其無形，則如天地言其動作，則不異於人。豈謂人死之鬼，反能兼天人之能乎。[72]

張載在這段話對於鬼神不可能存在的爭論點，徹底地闡明。因為，說雷霆草木是屬於有定形的自然現象界，非不合理。說人製造有定形的舟車，也非不合理。但是，有些人說鬼神存在著，因為他們看見過鬼神，並說鬼神是無定形的。這種說法使人難以相信，一則，人不可能把一件無定形的事物變成為有定形的事物。二則，人不可能造成雷霆草木，正如天地不能製作舟車一樣。如果相信鬼神有如像天地以及人的作為，那麼，如何解釋人死後成鬼有了天地以及人這兩種不同的能力之難題呢？簡言之，張載對於鬼神存在的結論是，這種信仰從邏輯和實體方面看，都是不可能、講不通，因而不可靠的。自然界現象界和人的活動是屬於兩不相同的領域。由此

[71] 《墨子．明鬼下》，章 31。

[72] 《正蒙初義》，卷 5，頁 10–11。

可見，張載所謂「共見共聞」與墨子所說「察百姓耳目之實」，雖則有相似的含意，然而前者把「共見共聞」限制在客觀有定形和有定理的自然現象界；後者包括了無定形和無定理的鬼神，即非自然現象界。上面提過，孔子不談鬼神，並採取對於鬼神「敬而遠之」的態度，張載少談鬼神，並進一步主張鬼神是不可能存在。總言之，據張載的觀點，「見聞之知」雖屬於低一層的知識，然而其為啟發內外之合的作用，是必須的。他說：「耳目雖為性累，然合內外之德，知其為啟之之要也[73]。」就是說，「見聞之知」的可靠性，是憑著「多見多聞」——尤其「共見共聞」——作為判斷是非的標準。

現在的一個重要問題是：張載如何運用所謂「共見共聞」在他所強調的「德性之知」，即高一層的知識呢？明顯的，在這知識論點上，他吸取孟子的可知論觀點，並作進一步的發揮。在〈告子上〉篇中，孟子說：「耳目之官不思，而蔽於物，物交物，則引之而已矣。心之官則思，思則得之，不思，則不得也。此天之所與我者，先立乎其大者，則其小者不能奪也，此為大人而已矣[74]。」意思是，人天生賦有感覺的耳目和思維的心。雖則人常受了感官與外界事物接觸的影響而被矇蔽，可是他有了思維的心，能夠使他從所接觸的事去尋求正當的觀點。因而，所謂大人，就是他能夠持守天生具有的思維能力，去達到人生至上目標。但是，孟子的可知論是超乎人的理性的階層，這由他所說的簡單名句「萬物皆備於我矣」[75]暗示了。明顯的，孟子這句話蘊含著深奧的意義，曾被認為是一種神秘主義[76]，即認為宇宙間有所謂萬物為一體的境界，並且人能夠與這

[73] 《張載集．正蒙．大心》，頁 25。

[74] 《孟子．告子上》，VI 上 15。

[75] 《孟子．盡心上》，VII 上 4。

外在的整體合而為一。也可以說，這句話含著一種知識論直覺主義的意味，即求知者對於宇宙整體能夠有一種直接的知識，不必經過感覺知識或理性知識這兩種認識方法。張載的所謂「德性之知」，如在上面（本章四節）所討論的，與孟子的這種直覺主義學說相似，並加以引伸和闡析。

張載對於「德性之知」的可靠性這個問題的解答，進一步把「心」這個概念分為兩種，即他所謂「大心」和「成心」。他說：

> 大其心則能體天下之物，物有未體，則心為有外。世人之心，止於聞見之狹。聖人盡性，不以見聞梏其心，其視天下無一物非我，孟子謂盡心則知性知天以此。天大無外，故有外之心不足以合天心。見聞之知，乃物交而知，非德性所知；德性所知，不萌於見聞。[77]

又說：

> 成心忘然後可與進於道。化則無成心矣。成心者，意之謂與！無成心者，時中而已矣。[78]

這兩種心，即「大心」和「成心」，據張載的區別，分別就是他所謂「聖人之心」和「世人之心」。聖人之心是弘大，「不以見聞梏其心」，是虛心而不受外物所累，因而能夠「知性知天」。相反的，「世

[76] 參見馮友蘭，《中國哲學史》，上冊，頁164–165。

[77] 《張載集．正蒙．大心》，頁24。

[78] 《張載集．正蒙．大心》，頁25。

人之心」是私意，「止於聞見之狹」，不知事物本末，因而一切事物都不是。上面已經提過，張載並不忽視「見聞之知」，事實上，他認為耳目聞見知識之重要性和必要性。他所關注的，就是往往「世人之心」或「成心」，僅僅以所見所聞作為私己的目標，而把道德標準貶低了，並且這種知識只限制在人的感官與外界事物接觸所知而已。但是，「聖人之心」或「大心」是以「德性之知」或「天德良知」為人生求知的至上目標，並是從一種超乎感官的直覺對於一切事物的體驗而知的。

現在回到上面所提的問題，即張載如何運用所謂「共見共聞」在「德性之知」或「聖人之心」這理想的觀點上。他說：

> 天無心，心都在人之心。一人私見固不足盡，至於眾人之心同一則卻是義理，總之則卻是天……天道不可得而見，惟占之於民，人所悅則天必悅之，所惡則天必惡之，只為人心至公也，至眾也。民雖至愚無知，惟於私己然後昏而不明，至於事不干礙處則自是公明。大抵眾所向者必是理也，理則天道存焉，故欲知天者，占之於人可也。[79]

這段引語有了三點值得特別加以注意的。其一，張載直率地說，「天無心」，人才有心。從宗教哲學方面看，張載是站在人文主義的立場，因為他的所謂「天」或「道」並無和人相同的性格的意思。因而，對於一種所謂神人同形同性論的教義，張載會加以反對。其二，他認為「天道不可得而見」，但可以從民眾的悅惡而觀察之。人所喜悅的，天也必會喜悅；人所憎惡的，天也必會憎惡，這種看法似乎

[79]　《張載集．經學理窟．詩書》，頁256–257。

和第一點所解釋的互相矛盾。但在這點上所謂天必悅或惡是一種假定的說法。換言之，天道無心，天心是根據人心所好的。其三，他所提的「人心」，是公眾的心；也就是說，凡是眾人，無論至愚無知的人，所歸向的，必得是合理，是天道的。張載在這裡不提「共見共聞」了。因為他所著重的是，「至公」、「至眾」，一種集體的心。這也就是他所說的：「民心之所向，即天心之所存也[80]。」這句話所提的「民心所向」與「世人之心」也是有區別的。「世人之心」是一般人心，只限制於「見聞之知」而已；「民心所向」是民心對於善事，即對於「德性所知」的渴望。因而，「德性所知」這高一層的真正知識，並非由「共見共聞」所能得到，而是由個別人的直覺體驗和內省的工夫所獲取的。那麼，越多人在直覺的體驗和內省越下功夫，「天德良知」或「德性所知」越增廣。這不是一種主觀的私意，乃是一種集思廣益，集體的心所歸向的理想，這也就是張載在其著作中所常引用的名句「人能弘道，非道弘人」[81]的意思。

張載確信，雖則要達到知性知天的境界是不容易的，然而人人都能夠獲得聖人之心，因事實上聖人亦是人而已[82]，任何人企望成聖，必須從他所說的：「虛中求出實……聖人虛之至，故擇善自精。心之不能虛，由有物榛礙[83]。」張載所謂「虛心」，也就是所謂「弘心」。能有虛心而不受外物所累，然後才能夠盡心。在這點上，就好比孟子所說的：「我知言；我善養浩然之氣……至大至剛，以直養而無害，則塞于天地之間[84]。」所謂「浩然之氣」，孟子自己也承認，

[80] 《正蒙初義》，3 · 11。

[81] 《論語 · 衛靈公》，15 · 29。

[82] 《張載集 · 語錄中》，頁 317。

[83] 同上書，頁 325。

是難以在語言形容的，但把它解釋為一種偉大、剛強、正直，充滿在宇宙間的莫大力量。這就是張載所強調的「德性之知」，或「誠明所知」，或「天德良知」的知識最高層次，也就是他所謂「眾人之心」所歸向的。

## 七、總　結

現在把張載的知識論學說簡略地總結。他對於上面所討論在西方的三種傳統真理理論，會在某些方面表示同意。第一，所謂「符合主義」和張載的「見聞之知」，明顯地有相同處。這兩種學說都主張，外界事物是獨立存在（可以引休謨為例）並認為這外界事物是認知者，即人的心靈的知識對象。但張載所強調的是，人的心靈不是被動地接受外物所給的印象，而是主動的認知者，這就是「人為萬物之靈」的意思。更為重要的，即張載認為符合理論僅僅限制於耳目聞見的知識而已。這種由感覺得來的知識，對於了解現象世界和社會情況是必須的，但不是知識的最終目標。因而，在這點上，他便與經驗主義者分手了。對於第二種真理理論——即連貫理論——張載也會表示賞識，因為人究竟是唯一的思維動物，應在人所表示的各種觀念之間，著重彼此合理性。但他不會站在理性主義者的立場，強調理性方法能夠使人得到真理或天道——即「德性之知」——的知識。他認為，「天德良知」不僅超乎「見聞之知」，也超過理智所能認知的最高層次。張載對於第三種的真理理論——即實用理論，以效用為辨別真假是非的準則——也會贊同，因為真理或天道，歸根結底是人所企望，能夠運用在人世間的實際福利的。

---

(84) 《孟子．公孫丑下》，II 下 2。

但他會批評實用主義——尤其是詹姆士的實用主義觀點——僅是一種個人主義和相對主義而已。

張載承續儒學的傳統思想，對於辨別真和假，是和非的看法可以概括為四點。第一，他確信，在宇宙間存在著某種普遍的絕對真理，稱為「道」、「誠」，或「天德之知」，其可知性非人的理性所能證明的。第二，這個所謂「天德良知」或真理，是以人為中心，並存在於人心。它的意義為何，都是人的觀點。如果它——天道或真理——是弘大，是人認為並使它弘大的。意思也就是，人不能把自己放在「天道」或絕對真理本身的地位。因為，無論如何，天道觀或真理觀是人對天道的觀點，不是天道的觀點。這一點和基督教所強調的教義，即上帝能夠把祂的志意啟示給世人，完全不同。據張載的見解，是人向上追求「天德良知」或真理的，而不是真理或上帝向下啟示給世人的。第三，以人為中心的真理觀，並不與知識的客觀性相互矛盾。雖則這種直覺的知識，是不能以科學方法證明其可靠性，然而那些求知者在這個問題及答案，有共同分享的了解，並能夠表彰在行為上。第四，人處在天地之間，他的最高目標是追求做一個協調者，而有三層的任務：第一方面，對於自己本身的協調；第二方面，對於自己與自然界，即天道境界的協調；第三方面，對於自己與其他同類，即人與人之間的協調。這個協調的真理論，是以人為協調者，有了所提的這三層次的任務。

在西方哲學史，一直到最近，大多數的哲學家，都以建立一種對於實體（不論所謂實體是柏拉圖的理形觀或中世紀的上帝觀）的基本原則的解釋。但是，中國哲學家，自從上古以來，對於那種理形境界的形而上基礎，並不認為是首要的問題。凡與人無切身關係的，好像數學和形式的命題本身，不是他們所關注的，他們所最興趣的核心，是與人有關的真理。為此，任何語言所表達的內在價值，是人與人之間的交往。知識的最重要目的，是為著了解人，即人的真理。換句話說，西方哲學一向著重知識本身的價值，而中國大多數的思想家都關切知識是以倫理道德為目的。但是，二十世紀的西方哲學思潮進入一個新的階段，而被稱為「價值衝突的世紀」，「複雜的時代」等。在過去的八十年代，可以說是「百家爭鳴」的時代。最引人注意的學派，有所謂實用主義、邏輯實證主義、存在主義，以及馬克思主義，最後的學派更為普及。雖則這些學派代表現代的不同哲學觀點和方法，然而有一個基本的問題，是這些不同學派各自尋求解答的，就是如何依照人的真理，重新得到一種對於人生與宇宙的正確觀念？實際上，這就是中國歷代哲學家一向所看重的問題。在這個問題上，現代的實用主義著重在人的有效經驗的意義；邏輯實證主義強調在人人之間的意見互相傳達意義的意義；存在主義關切人的存在的意義；馬克思主義探索人為社會集體的一單位的意義等。可見這些不同的學派，各從其不同的角度在一共同的問題上求答案。人究竟是真理的求知者，雖則在方法上是不相同，然而在尋求真理的目標，也是中國哲學傳統所重視的，並由張載在十一世紀重新加以強調和闡釋。

# 第五章　評價、影響及現代意義

## 一、張載對自己的評價

張載只活了五十七年。雖則關於他的生平事蹟，寥寥無幾，然而從他的著作中，讀者可以看出他的一生抱負、為學、為人和企望。在少年時代，他對於當時現實情況，就具有責任的敏感。處在國家政治軍事的危機中，他意圖從軍，以「至欲結客取洮西之地」❶。他這番熱情，很有顧炎武（字寧人，1613–1682）所謂「天下興亡，匹夫有責」的精神。但他接受了長輩文人范仲淹的勸告，便放棄軍事興趣，而轉向專攻學術。

他的偉大抱負，就是以後常被引用的四句名言：

> 為天地立心，為生民立道，為去聖繼絕學，為萬世開太平。❷

這段話不僅是他自己的座右銘，並且他認為是任何學者應當有的志向。前兩句，「為天地立心，為生民立道」，在他的宇宙論、倫理學和知識論，已經詳加討論了。一言概括，學者的任務是，因為天地無心，應當為天地立心，並為生民傳揚天道的基本原則。第三句，「為去聖繼絕學」，表白他自己認為是承繼先儒孔孟的哲學思想，去發揚他們所傳述而被斷絕的真道的使命。在為「去聖繼絕學」事上，他自滿地說：

---

❶ 《張載集．附錄．宋史》，頁 385。

❷ 《張載集．近思錄拾遺》，頁 376。

> 此道自孟子後千有餘歲，今日復有知者。若此道天不欲明，則不使今日人有知者，既使人知之，似有復明之理。❸

又說：

> 某既閒居橫渠說此義理，自有橫渠未嘗如此……今倡此道不知如何，自來元不曾有人說，如揚雄 (53 B.C.–18 A.D.) 王通 (584–617) 又皆不見，韓愈 (768–824) 又尚閒言詞，今則此道亦有與聞者，其已乎？其有遇乎？❹

這兩段話指明，因揚王韓各有所短，他對於先儒之道的重生，在橫渠這個地方，他自己是先鋒者。但此道再生的將來成敗如何，這是他所關懷的。

在為學方面，張載是一個「學而不倦」的學者。他的廣而博的學識，是由於集中會神的工夫的成就。他的苦學精神，曾自道說：

> 某比來所得義理，儘彌久而不能變，必是屢中於其間，只是昔日所難，今日所易，昔日見得心煩，今日見得心約，到近上更約，必是精處尤更約也。❺

他自己承認，在為學的歷程期間，是經過苦心努力反省得來的效果。他說：

---

❸ 《張載集．經學理窟．義理》，頁 274。

❹ 《張載集．經學理窟．自道》，頁 290–291。

❺ 《張載集．語錄中》，頁 317.

> 某舊多使氣，後來殊滅，更期一年庶幾無之，如太和中容萬物，任其自然❻……某向時謾說以為已成，今觀之全未也，然而得一門庭，知聖人所以學而至。更自期一年如何，今且專與聖人之言為學。❼

這些引語都表白他在為學上的進步，以及他對於研究先儒言論的自評。

從為人方面說，張載對於自己的要求，是一種嚴格和紀律的生活作風。他的所謂「言有教，動有法，晝有為，宵有得」❽，指明他在日常生活的設計，就是說，每日在言語上有所可教導人的，在行為上能夠以身作則，在白日有所應當做的任務，在夜晚有所成就。從他所寫的〈自道〉篇中，張載對於自己的性格曾描寫說：

> 某平生於公勇，於私怯，於公道有義，真是無所懼。大凡事不惟於法有不得，更有義之不可，尤所當避。❾

無疑的，張載是一位獨立的思想家，具有不畏懼的毅力。這種特性可以從他對於佛教虛無主義的嚴厲攻擊證明了，如他所說的：

> 自非獨立不懼，精一自信，有大過人之才，何以正立其間，與之較是非，計得失！❿

❻ 《張載集．經學理窟．學大原上》，頁 281。

❼ 《張載集．經學理窟．自道》，頁 289。

❽ 《張載集．正蒙．有德》，頁 44。

❾ 《張載集．經學理窟．自道》，頁 292。

張載對於他的志願抱著極大的企望，深信他所抉擇的儒學大道正是當時的社會和政治的情況所需要的，並認為由他所重建的真理觀有了因時制宜的貢獻。他說：

> 道理今日卻見分明，雖仲尼復生，亦只如此。今學者下達處行禮，下面又見性與天道，他日須勝孟子，門人如子夏、子貢等人，必有之乎。⓫

這表明他的樂觀態度，預測他的門人可以勝過孔子的門人和孟子。大概這段話是他在較早年的時候所說的。但是，當時的一般學風並不如他所理想的，他為此而感嘆說：

> 某唱此絕學亦輒欲成一次第，但患學者寡少，故貪於學者。今之學者大率為應舉壞之，入仕則事官業，無暇及此。⓬

這種腐敗學風似乎是古今中外的流弊，即多少學者只以應付考試並唯名利是圖為主旨，而無暇顧及所謂真理天道。他又說：

> 此學以為絕耶？何因復有此議論，以為興耶？然而學者不博……今欲功及天下，故必多栽培學者，則道可傳矣。⓭

---

⓾ 《張載集．正蒙．乾稱》，頁 64–65。

⓫ 《張載集．經學理窟．學大原上》，頁 281。

⓬ 《張載集．語錄下》，頁 329。

⓭ 《張載集．經學理窟．義理》，頁 271。

由此可知，張載對於培養學者，為「往聖繼絕學」的莫大企望。

張載的晚年，即從西元 1071 年因與王安石意見不合，辭掉朝廷職務回返橫渠的六年期間，除了把他的巨著《正蒙》完成之外，他在治學的樂趣和心得，從他自己所表白的，可想而知。他於返橫渠後自己反省說：「近來思慮大率少不中處，今則利在閒，閒得數日，便意思長遠，觀書到無可推考處⓮。」雖則在學術研究引為自滿，然而在政治活動上卻好像歷史上的許多哲人（僅提孔子和柏拉圖為例），都有不得志的感慨。在他的〈雜詩〉，張載把這兩方面的感覺對比，說：「日孜孜焉繼予乎厥修。井行惻兮王收⓯。」又說：「六年無限詩書樂，一種難忘是本朝⓰。」這也表示，他多麼期望能夠被朝廷任用。但最後一年，即在西元 1076 年，奉召進廷，卻因再次不如意而辭去官職。

在《論語》書中，孔子說：「加我數年，五十以學易，可以無大過矣⓱。」張載在他的〈自道〉篇中說：

> 日無事，夜未深便寢，中夜已覺，心中平曠，思慮逮曉。加我數年，六十道行於家人足矣。⓲

這段引語大概是在橫渠退隱的六年期間所寫的，含蓄著人生短暫的意思，如果可多活幾年，便能夠在家鄉把真道實踐。總之，從張載

---

⓮ 《張載集．經學理窟．學大原上》，頁 281。

⓯ 《張載集．文集佚存，雜詩》，頁 367。

⓰ 同上書，頁 368。

⓱ 《論語．述而》，7．17。

⓲ 《張載集．經學理窟．自道》，頁 291。

自己所表白的，雖則他畢生一心一意為儒學之道努力宣揚，然而任重道遠，非個人在有限期間所能完成，只能寄託厚望，後繼者再接再厲，負起「為萬世開太平」的重大使命。

## 二、張載與二程

張載與二程兄弟，程顥 (1032–1085) 和程頤 (1033–1107) 是表叔侄的關係。張載比程顥大十二歲，後者多活八年；他比程頤大十三歲，後者多活三十年。過去張載的儒學思想，曾被假定是受了二程兄弟所影響。這種假定是在朱熹 (1130–1200) 所編的《近思錄》書中出現的。朱熹把張載的著作和學案列在二程之後，認為新儒學的創始人是周敦頤 (1017–1073)，後來由二程承續發揮，張載的思想是由他的兩表侄得來的。朱熹這種錯誤是間接從二程的門人，如楊時 (1053–1135) 和游酢（字定夫，1053–1123）傳下來的。楊時說：「橫渠之學，其源出於程氏，而關中諸生尊其書，欲自為一家……但其源則自二先生發之耳⓳。」但這件不符事實的記載曾由程頤自己加以更正，他說：「表叔（張載）平生議論，謂頤兄弟有同處則可，若謂學於頤兄弟則無是事⓴。」程頤這句話是為著糾正張載的門人呂大臨 (1042–1092) 在〈橫渠先生行狀〉文中所寫的一句話，即關於張載在嘉祐初（二年，1057 年）與兩表侄討論道學之後，記錄說：「(張載) 渙然自信曰：『吾道自足，何事旁求！』乃盡棄異學，而學焉㉑。」事實上，他們表叔侄三人在 1057 年謀面時，都在開始研

⓳ 《伊洛淵源錄》，卷 6；或《楊龜山集》，87 · 7。

⓴ 《程氏外書》，卷 11。

㉑ 後來呂大臨改為「盡棄異學，淳如也。」見《張載集 · 附錄 · 行狀》，頁

索儒學思想的時候，難以假定張載是從二程學習的。還有，在二程的著作中常提起張載，但張載卻很少提及二程。在〈學大原上〉篇中，張載曾說：

> 學者不可謂少年，自緩便是四十五十。二程從十四歲時便銳然欲學聖人，今盡及四十未能及顏（回）閔（子騫）之徒。小程可如顏子，然恐未如顏子之無我。[22]

因而，這個屬於歷史事實的問題，並非問題。況且，程顥也說：「子厚用其言，在關中學者，躬行之多，與洛人並推，其所自先生發之也[23]。」簡言之，張載與二程之間的思想，可以說是互相影響，彼此啟發的。

實際上，他們表叔侄三人之間的關係，似乎具有親切的交情與共同的學術興趣。自從他們在 1057 年見面後（頁 2–3）至張載在 1077 年去世，這二十年之間，他們常有通信，可惜張載的信已遺失，程顥有一信尚存[24]，程頤有兩信尚存[25]。張載死後，程顥在〈哭張子厚先生〉詩寫道：

> 歎息斯文約共脩，如何夫子便長休！
> 東山無復蒼生望，西土誰共後學求？

---

382。

[22] 《張載集．經學理窟．學大原上》，頁 280。

[23] 《宋元學案》，卷 14。

[24] 《明道文集》，卷 2。

[25] 《伊川文集》，卷 5。

千古聲名聯棣蕚，二年零落去山丘。
寢門慟哭如何限，豈獨交親念舊游？㉖

從學術思想方面說，二程兄弟對於張載的倫理學觀點，在多方面表示贊同，尤其賞識〈西銘〉篇中所闡明的內容。在他們的《遺書》中，常有推崇稱讚的評價：「〈訂頑〉（即〈西銘〉）一篇，意極完備，乃仁之體也。學者其體此意，令有諸己，其地位已高。到此地位，自別有見處，不可窮高極遠，恐於道無補也㉗。」又說：「〈西銘〉某得此意，只是須得佗子厚有如此筆力，佗人無緣做得。孟子以後，未有人及此。得此文字，省多少言語，且教佗人讀書，要之仁孝之理備於此，須臾而不於此，則便不仁不孝也㉘。」又說：「橫渠之言不能無失，類若此。若〈西銘〉一篇，誰說得到此？今以管窺天，固是見北斗，別處雖不得見，然見北斗，不可謂不是也㉙。」這幾段讚揚的引語，明顯地表示，二程兄弟對於張載的倫理道德的中心思想，即承繼先儒孔孟的仁孝傳統思想，為挽救人類社會的大道，是完全同意的。就是說，張載與兩表侄都認為，人生的最高目標是成為聖人，即成德成性，雖則他們三人之間各有其注重點。

但是，張載的宇宙論理論是二程兄弟所不能贊同的，尤其是前者的所謂「太虛即氣」的見解。程顥對於張載所重視的「太虛」這個概念，批評說：「語及太虛，（程顥）曰：『亦無太虛。』遂指虛曰：『皆是理，安得謂之虛？天下無實於理者㉚。』」程顥少談氣。

㉖　《明道文集》，卷 3。
㉗　《程氏遺書》，第 2 上。
㉘　同上註。
㉙　《程氏遺書》，第 23。

但程頤卻常談氣，而分明地認為氣屬於形而下的範疇，他說：「離了陰陽更無道，所以陰陽者是道也。陰陽，氣也。氣是形而下者，道是形而上者。形而上者則是密也㉛。」又說：「若謂既返之氣復將為方伸之氣，必資於此，則殊與天地之化不相似。天地之化，自然生生不窮，更何復資於既斃之形，既返之氣，以為造化？……往來屈伸只是理也㉜。」這些引語顯然地指明，二程與張載對於氣這個概念的不同看法。張載強調說：

> 天地之氣，雖聚散、攻取百塗，然其為理也順而不妄……太虛不能無氣，氣不能不聚而為萬物，萬物不能不散而為太虛。循是出入，是皆不得已而然也。㉝

據張載的主張，氣為萬物的本體，而「太虛即氣」只是在不同的兩種狀態，並非指兩種的領域的意思。但據二程的觀點，「萬物皆只是一箇天理」㉞。雖則兩兄弟對於理這個概念的意義也不相同。程顥未曾把理和氣，即分別為形而上和形而下，作明顯的區別，因而有所謂「器亦道，道亦器」㉟的說法。但是程頤卻認為，理是屬於形而上，氣是屬於形而下的兩不相同範疇。二程兄弟在這點上的不同，以後成為新儒學兩大學派的先驅者，即程顥為心學的創立者，程頤

---

㉚ 《程氏遺書》，第 3。

㉛ 《程氏遺書》，第 15。

㉜ 《程氏遺書》，第 15。

㉝ 《張載集．正蒙．太和》，頁 7。

㉞ 《程氏遺書》，第 2 上。

㉟ 《程氏遺書》，第 1。

為理學的奠基者。

總言之，雖則程顥和程頤對於張載的倫理道德觀極為稱讚，然而在後者《正蒙》巨著中所闡述的宇宙論理論，卻站在批評的立場。朱熹曾把二程對於張載的評價總結說：「《正蒙》說道體處，如太和、太虛、虛空云者，止是說氣，說聚散處，其流乃是箇大輪迴……如太虛有天之名，由氣化有道之名，合虛與氣有性之名，合性與知覺有心之名。亦說得有理……然使明道形容此理，必不如此說。伊川所謂，橫渠之言誠有過者，乃在《正蒙》，以清虛一大為萬物之原，有未安等語，槩可見矣[36]。」雖則二程不贊同張載的宇宙論學說，他們表叔侄三位思想家，都以繼承先儒的傳統思想為共同目標，但在方法方面卻兩樣。二程以人類社會世界為出發點以及目的。張載卻以宇宙界為他的倫理學的出發點，因為他認為，當前的思想問題是佛學形而上和倫理虛無主義的挑激，必須在宇宙界，包括自然和人類社會，建立一種健全的觀念。但張載的方法論，即從宇宙論而引進倫理理論，在他死後未吸引繼承者加以解釋和引伸。

## 三、張載的門人

據《宋元學案》中所記，張載在世時門人很多，有一段話說：「橫渠倡道于關中，寂寥無有和者，先生（呂大鈞）于橫渠為同年友，心悅而好之，遂執弟子禮，于是學者靡然知所趨向[37]。」事實上，當時關學的盛行，與呂氏兄弟，尤其呂大鈞（字和叔，1031–1082）與呂大臨 (1042–1092) 有關係。程顥和程頤也承認關學在當

[36] 《朱子語類》，卷 99。

[37] 《宋元學案》，卷 31〈呂范諸儒學案〉。

時的興盛，說：「關中學者，以今日觀之，師死而遂倍之，卻未見其人，只是更不復講[38]。」但是，張載死後，呂氏兄弟往洛陽轉拜二程兄弟為師。有趣的是，前者仍然堅守張載的思想。為此，程頤對於呂大鈞的忠於張載曾說：「大鈞從張載學，能守其師說而踐履之。居父喪，衰麻葬祭，一本於禮……尤喜講明井田兵制，謂治道必自此始，悉撰次為圖籍，可見於用。雖皆本於載，而能自信力行，載每歎其勇為不可及[39]。」這就是呂大鈞把張載的思想，加以致用而說的。

雖則呂大臨被稱為程門的一重要弟子，正如楊時 (1053–1135) 和游酢 (1053–1123) 一樣。所不同的，楊游是二程的後繼者，呂大臨是張載的承續門人。因而，程頤曾說：「呂與叔（大臨）守橫渠學甚固，每橫渠無說處皆相從，才有說了，便不旨回[40]。」顯然的，雖則呂大臨以後轉拜二程為師，在哲學思想上仍是站在張載的立場。他不僅初學於張載，師生之間也有姻親的關係，即呂大臨是張載的弟弟張戩 (1030–1076) 的女婿。（張戩得意地說：「吾得顏回為壻矣[41]。」）無疑地，張載死後，他對於關中學派有其貢獻。

張載比呂大臨大二十二歲，曾對後者評價說：「呂與叔資美，但向學差緩，惜乎求思也褊，求思雖猶似褊隘，然褊不害於明。褊何以不害於明？褊是氣也，明者所學也，明何以謂之學？明者言所見也[42]。」意思是，雖學者有狹隘的傾向，卻不妨礙其為學以獲取明

[38] 《程氏遺書》，第 2 下。

[39] 《宋史．呂大鈞傳》（臺北：鼎文書局，1978），頁 10847。

[40] 《程氏遺書》，第 19。

[41] 《伊洛淵源錄》，卷 8。

[42] 《張載集．語錄下》，頁 329。

晰。張載也稱讚他的高徒呂大臨為「過人遠矣」㊸。

在呂大臨所寫的《考古圖》中，他說：「我心所同然即天理天德，孟子言同然者，恐人有私意蔽之，苟無私意，我心即天心㊹。」又說：「萬物之生莫不有氣。氣也者，神之感也……人受天地之中以生，良心所發，莫非道也。……在物之分，別有彼我之殊，在性之分，則合內外一體而已，是皆人心所同然，乃吾性之所固有也㊺。」這段引語幾乎是張載的語意。可見呂大臨於張載死後雖轉學於二程，然而他在思想方面是關學的代表人，因而配上為其老師撰寫〈行狀〉之文。可惜呂大臨早死（只活了五十歲），他的著作多無留存。朱熹對呂大臨曾評價說：「呂與叔惜乎壽不永，如天假之年，必所見又別。程子稱其深潛縝密，可見其資質好，又能涵養，某若只如呂年，亦不見得到如此田地矣㊻。」這句恭維的話也有其真實之意。

張載及其思想所影響的傳人呂大臨死後，其他後繼者的著作都無留存，關學便日趨衰落。相反的，洛學於二程兄弟死後，在思想方面，能得一脈相承，便有所謂程朱學派的產生了。

約六百年後，王夫之 (1619–1692) 曾在他所撰的《張子正蒙注》的序論，把洛學與關學分別的盛衰緣故適切地比較。王夫之說：「學之興於宋也，周子得二程子而道著。程子之道廣，而一時之英才輻輳於其門。張子斅學於關中，其門人未有殆庶者。而當時鉅公耆儒，如富（弼，字彥國，1004–1083）、文（彥博，字寬夫，1006–1097）、司馬（光，字君實，1019–1086）諸公，張子皆以素位隱居

㊸ 同上註。

㊹ 《宋元學案》，卷 31〈呂范諸儒學案〉。

㊺ 同上註。

㊻ 《朱子語類》，卷 101。

而末由相為羽翼。是以其道之行，曾不得與邵康節之數學相與頡頏，而世之信從者寡，故道之誠然者不著㊼。」由此可見，洛學之所以興旺，因有英才繼續宣揚；關學衰退，卻因創始人素位隱居，而未得當時鉅公耆儒共力推廣。除此以外，宋新儒學家們，除了朱熹本人之外，都不大注意張載所認為自然宇宙論的重要性。再者，張載的著作，因文字艱深，讀者不容易了解，如唐君毅 (1909–1978) 在這點上的評價說：「他（張載）的思想系統，雖極細密謹嚴，然而因為文字過於簡老，並多用短句表達，所以被人誤會㊽。」這不能不說是關學衰落的一次要原因。

## 四、張載與朱熹

朱熹 (1130–1200) 所編的《近思錄》選集，是從北宋十一世紀的四位新儒學家，即周敦頤 (1017–1073)、張載、程顥 (1032–1085) 和程頤 (1033–1107) 的著作和語錄挑出來的（頁 6）。邵雍 (1011–1077) 雖被稱為早期宋儒五子之一，可是朱熹認為他的思想和道教相近，未把其資料包括在這部選集裡面。冊中共有六百二十二段引語，過半數是從程頤的著作選出，程顥的著作次之，從張載的著作共記載一百十條㊾。還有，朱熹跟著二程門人的意見，也認為張載的儒學思想是從其兩表侄學來的，因而把張載所說的都列在二程兄弟之後。

㊼ 《張載集．附錄．王夫之張子正蒙注序論》，頁 409。

㊽ 唐君毅，〈張橫渠之心性論及其形上學之根據〉，見《東方文化》，1954，第一卷第 1 期，頁 98–110。

㊾ 陳榮捷，《朱子論集．朱子之近思錄》，頁 132–136。

朱熹，好像張載一樣，對於宇宙論具有強烈的興趣，並在後者關於自然界所觀察的意見加以稱讚。他說：「《正蒙》中地純陰，天浮陽一段，說日月五星甚密……橫渠云：『天在旋，處其中者，順之少遲，則反右矣！』此說好[50]。」。但是，朱熹不贊同張載所強調的「太虛即氣」為萬物的本源。他吸取二程所謂「萬物皆只是一箇天理」[51]的學說，因而，他根據後者的「理」說加以引伸，朱熹說：「太極，理也；陰陽，氣也。氣之所以能動靜者，理為之宰也[52]。」又說：「橫渠清虛一大，……他都向一邊了，這道理本平正，清也有是理，濁也有是理，虛也有是理，實也有是理，皆此理之所為也。他說成這一邊有，那一邊無，要將這一邊去管那一邊……渠初云清虛一大，為伊川詰難，乃云：『清兼濁，虛兼實，一兼二，大兼小。』渠本要說形而上，反成形而下，最是於此處不分明[53]。」這段話指明，朱熹對於張載的「氣」論一元論觀點，既不同意，也有誤解。張載清楚地說：

> 知虛空即氣，則有無，隱顯，神化，性命通一無二，顧聚散，出入，形不形，能推本從來，則深於易者也。[54]

張載在此所談的是，氣為萬物本體的所謂虛實、聚散，只是在變化過程中的兩不相同狀態而已，並非談形而上和形而下的區別。但是

[50] 《朱子語類》，卷 99。

[51] 《二程遺書》，第 2 上。

[52] 《太極圖說》章句。

[53] 《朱子語錄》，卷 99。

[54] 《張載集．正蒙．太和》，頁 8。

朱熹把張載的所謂「氣」這個概念，解釋為屬於形而下的範疇，而借用二程所談的「理」這個概念，認為屬於形而上的範疇。牟宗三曾在朱熹對於張載這點上的評價說：「其（朱熹）對於張載，雖亦同樣推尊〈西銘〉，且為之作〈解義〉，……然於《正蒙》則極不相應，誤解也多[55]。」明顯的，朱熹與張載各人的宇宙觀，是站在自己的立場，與其說前者誤解後者，毋寧說前者不贊同後者的見解；前者可以說是「理」與「氣」二元論，後者是「氣」一元論。朱熹清楚地說：「天地之間，有理有氣。理也者，形而上之道也，生物之本也；氣也者，形而下之器也，生物之具也。是以人物之生，必稟此理，然後有性，必稟此氣，然後有形[56]。」朱熹哲學系統所闡析的「理」與「氣」這兩個概念，曾由馮友蘭提起與古代希臘的分別所謂形式 (form) 和材質 (matter) 相比，即分別也是屬於形而上和形而下的兩不相同的範疇[57]。若引西方哲學概念相比，張載的氣論和萊布尼茲 (1646–1716) 較為相近 （頁 39）。萊氏企圖解決笛卡兒 (1596–1650) 和斯賓諾莎 (1632–1677) 的二元論問題（頁 65），提倡單子為宇宙的本體。單子 (monad) 不是原子 (atoms)，也不是材質，乃是具有動力的實體，因為單子是一種「力」，所以在它本身具有變化的原則。這種看法和張載所謂「虛空即氣」相似。因「虛空即氣」的特質，也是具有動力的實體，與內在的虛而使一物和另一別物能夠發生互相感通的變化作用。

雖則朱熹不贊同張載把氣這個概念作為萬物的本體的見解，然而對於後者所提的「神化」這點極為推崇。朱熹說：「神化二字，雖

---

[55] 牟宗三，《心體與性體》，冊 2，頁 432。

[56] 《文集——答黃道夫書》，卷 58，頁 5。

[57] 馮友蘭，《中國哲學史》，下冊，頁 904。

程子說得亦不甚分明，惟是橫渠推出來。……一故神，橫渠說得極好……兩故化……又是化，又是推行之意……橫渠此語極精[58]。」這就是朱熹對於張載所謂「一物兩體」和「一故神，兩故化」的稱讚語意，由此可見朱熹對於張載的本體宇宙論理論的不贊同和贊同點。

從倫理觀與知識論這兩方法看，朱熹吸收張載一些重要的思想資料。張載的〈西銘〉名作，是朱熹所極為推尊的。他說：「〈西銘〉之書，橫渠先生所以示人，至為深切[59]。」又說：「故仁人事親如事天，事天如事親，此又〈西銘〉之妙旨，不可以不知也[60]。」在這篇短文所提幾個有關孝親的例證，朱熹的註解是，張載是把孝這個概念作為形容仁這個普遍的概念，即是事親的道理，便是事天的樣子。再者，據朱熹的註解，〈西銘〉一篇始末都是「理一而分殊」的意思。就是說，乾坤為普遍的父母是「理一」，然而人人間的關係是有傳統所謂「五倫」的差異，即君臣、父子等之間有尊賢敬長之「分殊」。那麼，朱熹認為，張載所謂「民吾同胞」並無墨子的「兼愛」之弊。

張載在其性論所謂「氣質之性」，朱熹也表示讚揚。在《語類》中的一段話說：「亞夫問：氣質之說，始於何人？（朱熹）曰：此起於張（載）、（二）程，某以為極有功於聖門，有補於後學，讀之使人深有感於張、程，前者未曾有人說到此[61]。」上面（第三章，頁90）已討論過，張載把「性」這個概念分為「天地之性」和「氣質

---

[58] 《朱子語類》，卷 98。

[59] 《張子全書．西銘》，朱熹註，頁 14。

[60] 同上書，頁 2。

[61] 《朱子語類》，卷 4。

之性」，就是他所說的：「形而後有氣質之性，善反之則天地之性存焉。故氣質之性，君子有弗性者焉[62]。」這兩種性，即「天地之性」（也稱「天命之性」，「本然之性」，「義理之性」）和「氣質之性」，是解答孟子性惡論學說所引起惡的來源的問題。張載對於「天地之性」和「氣質之性」的區別被二程兄弟所採納。他們認為，「天地之性」就是「理」，「氣質之性」就是「氣」。二程說：「自性而行，皆善也。聖人因其善也，則為仁義禮智信以名之[63]……性即氣，氣即性，生之謂也[64]。」可見朱熹所以推崇張載表叔侄在這點上的貢獻，因他認為，歷代的所謂「性善」和「性惡」這兩個概念的爭論，已得到完善的答案。他不僅承續張程所著重的「天地之性」和「氣質之性」的學說，並在其哲學系統加以引伸闡析。

在《性理拾遺》中，張載提出一孤立的句子：「心統性情者也」[65]。朱熹對於這一句話極為稱讚。他說：「橫渠云：『心統性情。』此說極好[66]。」又說：「伊川（的）性即理也，橫渠（的）心統性情，二句顛撲不破，惟心無對，心統性情，二程卻無一句似此切[67]。」又說：「橫渠心統性一句乃不易論。孟子說心許多，皆未有似此語端的，仔細看便見，其他諸子等書皆無依稀似此[68]。」明顯的，在這點上，朱熹認為，張載的心說是超過孟子和二程。朱熹把張載所提的「心統性情」這名句解釋為，「統猶兼也」，和「統是主

---

[62] 《張載集．正蒙．誠明》，頁 23。
[63] 《程氏遺書》，第 25。
[64] 同上書，第 1。
[65] 《張載集．性理拾遺》，頁 374。
[66] 《朱熹語類》，卷 53。
[67] 同上書，卷 98。
[68] 同上書，卷 100。

宰運之意」⑯。意思是，性與情都出自心，所以心能夠統性情。朱熹又說：「性、情、心，惟孟子、橫渠說得好。仁是性，惻隱是情，須從心上發出來。心統性情者也……性者心之理也，情者心之動也……皆是從心上來⑰。」

朱熹對於張載在〈大心〉篇中所提的所謂「大其心」似乎不甚滿意，他說：「大其心則能體天下之物……唯聖人盡性，故不以所見所聞梏其心，故大而無外……他（張載）只說一箇大與小。孟子謂盡心則知性知天以此。蓋盡心則只是極其大，心極其大，則知性知天，而無有外之心矣⑱。」上面已討論過，張載把人心分為「大心」和「成心」兩種（頁 141–144）。實際上，據張載的主張，所謂「大其心」也可以說是「弘心」，不僅是說一個大與小。但是，朱熹卻認為，心有所謂「道心」和「人心」的區別。他說：「或問：人心道心之別？曰：只是這一箇心。知覺從耳目之欲上去，便是人心，知覺從義理上去，便是道心……人心既從形骸上發出來，易得流於惡……若是道心為主，則人心聽命於道心耳⑲。」這幾句話指明，朱熹借用張載的「心統性情」和「大心」、「成心」這些概念，以闡述他自己的心說。總言之，朱熹從張載吸取「氣質之性」、「心統性情」以及兩種人心的學說，在前者的哲學系統加以發揮，可以從下面的圖表看出來。

朱熹的集大成倫理學系統表⑳：

---

⑯ 同上註。

⑰ 同上書，卷 5。

⑱ 同上書，卷 98。朱熹不喜歡張載的「大其心」這名詞，據牟宗三的評價，是因前者「心中有忌諱」，見《心體與性體》，冊 1，頁 535–536。

⑲ 同上書，卷 78。

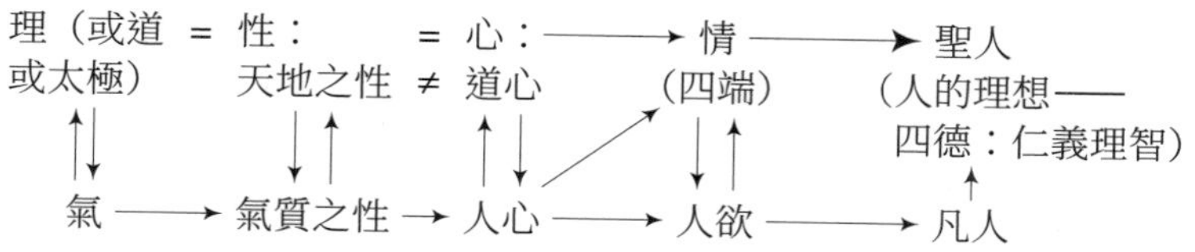


在知識論的問題上，朱熹也可以說受了張載的知識論學說的影響。朱熹說：「所謂致知在格物者，言欲致吾之知，在即物而窮其理也。蓋人心之靈，莫不有知，而天下之物，莫不有理。惟于理有未窮，故其知有不盡也。是以大學始教，必使學者即凡天下之物，莫不因其已知之理而益窮之，以求至乎其極。至於用力之久，而一旦豁然貫通焉，則眾物之表裡精粗，無不到，而吾心之全體大用，無不明矣。此謂格物，此謂知之至也[74]。」這段話所蘊含的意思和張載所說的，「心弘則是……心大則百物皆通」[75]是很相近的。顯然的，張載和朱熹這兩位宋儒思想家，都是吸取孟子對於心所下的意義：「心之官則思，思則得之[76]。」朱熹強調《大學》所提的「格物」，他解析說：「格，至也；物，猶事也。窮至事物之理，欲其極處無不到也[77]。」可見朱熹，好像張載一樣，認為對於自然現象界的認識之重要性。因而，他贊同張載在知識論所提的兩種知識，即「見聞之知」和「德性之知」。朱熹又說：「世人之心，止于見聞之狹，聖人盡性，不以見聞梏其心。伯豐問：如何得不以見聞梏其心？

---

[73] Siu-chi Huang, "Chu Hsi's Ethical Rationalism," in *Journal of Chinese Philosophy* (1978), Vol. 5, No. 2, p. 179.

[74] 《大學章句》，章 5。

[75] 《張載集．經學理窟．氣質》，頁 269。

[76] 《孟子．告子上》，6a．15。

[77] 《大學章句》，章 1。

（朱熹）曰：張子此說是說聖人盡性事……先是于見聞上做工夫到，然後脫然貫通。蓋尋常見聞，一事只知一個道理，若到貫通，便是一個理78。」簡言之，朱熹贊同張載的知識論觀點，耳目聞見之知在了解客觀事物是必要的，並知識的最高層次是德性之知，是要達到盡心盡性而成為聖的目的。這就是張載所謂「有知乃德性之知也」79，和朱熹所謂「而吾心之全體大用，無不明矣」80。

總之，朱熹是先秦儒學和宋新儒學的集大成者。從上面所簡略地討論的，雖則他自己認為是承繼孔孟和程頤的思想，然而他從張載的思想吸取了不少的資料，並把那些為適合他的系統的概念，加上他自己的意見。

## 五、張載與王夫之

王夫之是明末清初（生於明萬曆四十七年，死於清康熙三十一年，1619–1692）傑出的思想家。在他的四百多卷的重要哲學著作，《張子正蒙注》是其中之一。雖則他對於張載和朱熹一樣的推崇，然而他的思想是極受前者的影響。因而，張載的宇宙論學說於他死後五百多年，有了一位可以說最得力的繼承者。

在《張子正蒙注》的序論，王夫之寫道：

> 嗚呼！張子之學，上承孔孟之志，下救來茲之失，如皎日麗天，無幽不燭，聖人復起，未有能易焉者也……使張子之學

78 《朱子語類》，卷98。

79 《張載集．經學理窟．學大原上》，頁282。

80 《大學章句》，章5。

> 曉然大明，以正童蒙之志於始，則浮屠生死之狂惑，不折而自摧……而張子言無非《易》，立天、立地、立人，反經研幾，精義存神，以綱維三才，貞生而安死，則往聖之傳，非張子其孰與歸！嗚呼！孟子之功不在禹下，張子之功，又豈非疏洚水之歧流，引萬派而歸墟，使斯人去昏墊而履平康之坦道哉！是匠者之繩墨也，射者之彀率也。[81]

這段話充分地表現王夫之對於張載的景仰備至。無疑的，張載的哲學系統對王夫之的思想有很大的影響。

從宇宙觀方面看，王夫之受了張載的影響最大。在他的《正蒙注》書中，王夫之對於張載的氣論有詳細的註解。所謂「虛空即氣」，據張載的主張，是宇宙間萬物的本體。王夫之註說：「虛空者，氣之量，氣彌淪無涯而希微不形，則人見虛空而不見氣。凡虛空皆氣也[82]。」又說：「天地間只理與氣；氣載理而以秩序乎氣[83]……蓋言心、言性、言天、言理，俱必在氣上說，若無氣處，則俱無也[84]。」這幾句話說明，王夫之吸取張載的宇宙論觀點，認為氣是萬物的根源。但是，王夫之提出「器」這個概念，去解釋他自己的宇宙論理論，他說：「天下惟器而已矣。道者，器之道；器者，不可謂之道之器也。無其道則無其器，人類能言之。雖然，苟有其器矣，豈患無道哉？……無其器則無其道，人鮮能言之，而固其誠然者也[85]。」就是說，所謂「器」，是有形具體的萬物；所謂「道」，是

---

[81] 《張載集．附錄．王夫之張子正蒙注序論》，頁 409–410。

[82] 《張子正蒙注．太和篇》，頁 8。

[83] 《船山遺書》，頁 32。

[84] 同上書，頁 58。

萬物之所然，即一切事物的規律。但規律是不能離開客觀事物而獨立存在。換句話說，據王夫之的見解，宇宙間沒有所謂形而上為道，和形而下為器的區別，因為「天下惟器而已矣。」他所強調的「器」這個概念，明顯的把張載所強調的「氣」這個概念，具體化和物質化了。因為沒有器便沒有道，好像沒有弓矢便沒有射道一樣。他對於張載所說的，「由氣化，有道之名」註解說：「氣化者，氣之化。陰陽具于太虛絪縕之中，其一陰一陽，或動或靜，相與摩蕩……各自成其條理而不妄，則物有物之道，鬼神有鬼神之道[86]。」意思是，王夫之認為，沒有所謂普遍性的道，僅有個別物之道而已。張載的「氣化」學說已被王夫之解釋為唯物論觀了。

從倫理學方面看，王夫之吸收張載所提的「氣質之性」，以發揮他自己的人性論學說。他說：「程子創說個氣質之性，殊覺峻嶒。先儒于此，不盡力說與人知，或亦待人之自喻。所謂氣質之性者，猶言氣質中之性也。質是人之形質，範圍著者生理在內；……人身以內，人身以外，無非氣者，故亦無非理者。理行乎氣之中，而為氣主持分劑者也，故質以函氣，而氣以函理，質以函氣，故一人有一人之生，氣以函理，一人有一人之性也[87]。」雖則他錯把二程認為是氣質之性之創說者，然而這段話表白，王夫之並不贊同張載以「氣質之性」這個概念去解答惡的問題。他認為：「習成而性與成也，……未成可成，已成可革，豈一受成型，不受損益也哉[88]？」簡言之，王夫之認為，人性不是與生俱有的，而是從後天學習得來

[85] 同上書，頁 45。

[86] 《船山遺書》，頁 17。

[87] 《讀四書大全》，卷 7。

[88] 《尚書引義》，卷 3。

的。

從知識論方面看，王夫之對張載所說的「合性與知覺有心之名」，這句話中的「知覺」注解為：「形也、神也、物也，三相遇而知覺乃發[89]。」意思是，「形」是指感覺器官，「神」是指思維活動，「物」是指外界事物。這就是張載所謂「耳目聞見之知」。王夫之贊同張載，認為宇宙的外界事物有獨立存在；但他強調，感覺器官是心靈的來源，他說：「無目而心不辨色，無耳而心不知聲，無手足而心無能使。一官失用，而心之靈已廢矣[90]。」雖則他站在張載的立場，主張自然界的獨立存在，然而對於後者所著重的所謂「德性之知」，即一種直覺之知，王夫之卻以理性思維之知代之。在〈大心〉篇，他註說：「耳與聲合，目與色合，皆心所翕闢之牖也。合，故相知，乃其所以合之故，則豈耳目聲色之力哉！故輿薪過前，群言雜至，而非意所屬，則見如不見，聞如不聞，其非耳目之受而即合，明矣[91]。」在這點上，王夫之可以說是站在理性主義的立場，因為他認為，感官的知識需要理性的指導，才能夠得到正確可靠的知識。張載雖認為，聞見之知是必須的，然而他所強調的知識最高層次，是德性之知，是超乎理性所能獲得的，因而，他是站在直覺主義的立場，而非主張理性主義的觀點。

王夫之對於佛道兩教的人生觀，正如張載一樣，加以嚴厲的批評。他註說：「老之虛，釋之空，……皆自欲弘者；無一實之中道，則心滅而不能貫萬化矣[92]。」對於兩教分別的批評，他說：「老氏以

---

[89] 《張子正蒙注．太和篇》，頁 18。
[90] 《尚書引義》，卷 1。
[91] 《張子正蒙注．大心篇》，頁 123–124。
[92] 《張子正蒙注．中正篇》，頁 135。

天地如橐籥，動而生風，是虛能於無生有，變幻無窮；而氣不鼓動則無，是有限矣，然則孰鼓其橐籥令生氣乎93？」在駁斥佛教，他說：「釋氏謂：『心生種種法生，心滅種種法滅。』置之不見不聞，而即謂之無。天地本無起滅，而以私意起滅之，愚矣哉94。」這幾段話表示，王夫之承續張載的實在主義立場，對於佛道兩教分別的消極態度加以攻擊，他同樣地認為，自然界是「實有」，而非「虛無」或「幻夢」。

此外，張載的思想所著重的所謂「變化」，王夫之也以自己的意思加以引伸。在《思問錄》書中，王夫之說：「張子曰：『日月之形，萬古不變』。形者，言其規模儀象也，非謂質也，質日代而形如一，無恆器而有恆道也。江河之水，今猶古也，而非今水之即古水，燈燭之光，昨猶今也，而非昨火之即今火。水火近而易知，日月遠而不察耳……人見形之不變而不知其質之已遷，則疑今茲之日月為遂古之日月……天地之化日新95。」就是說，王夫之雖賞識張載的「氣化」論，然而他進一步強調，一切事物的變化都是遵循所謂日新月異的規律，在形與質兩方面都變化了。這種說法蘊含著進化論的意味。

由上面所簡略地討論的，明顯的，王夫之的哲學體系是受了張載思想的大影響。他對於張載的推崇，從他自己所題的墓銘十足地表白了，他寫說：

> 抱劉越石96之孤忠，而命無從致。

---

93 《張子正蒙注．太和篇》，頁 9。

94 《張子正蒙注．大心篇》，頁 130。

95 《思問錄．外篇》。

希張載之正學，而力不能企。

幸全歸於茲邱，固銜恤而永世。[97]

雖則王夫之以張載的哲學思想為宗，然而後者所著重的「氣」論學說，在前者的哲學體系卻成為「器」論學說了。在這點上，王夫之明確地說：「天下惟器而已矣。」又說：「故聖人者，善治器而已矣[98]。」意思是，自然界一切都是具體的事物，而聖人是善於製作實用的器物。王夫之看重實用和具體方面的哲學問題，後來對於清代（1644–1912 年）的思想家戴震（字東原，1723–1777）有其影響。實際上，戴震的宇宙觀是受了張載的影響，尤其是後者的「氣化」學說，他說：「獨張子之說，可以分別錄之，如言『由氣化有道之名』，言『化』，言『天道』，言『推行有漸為化，合一不測為神』，此數語者，聖人復起，無以易也[99]。」這表示他贊同張載在傳統思想的「氣化」論所闡述的，並加以發揮。他又說：「天地之氣化，流行不已，生生不息[100]。」這句話含著張載的語意。

## 六、總結：張載哲學思想的現代意義

無可疑問的，張載的哲學思想在宋新儒學是一重要的分支。雖則於他死後，他的思想不如與他並世的兩表侄二程的思想流傳之廣，

---

[96] 即劉琨 (270–317)，晉代愛國者。

[97] 《船山遺書．船山先生傳》。

[98] 《周易外傳．繫辭上》，章 12。

[99] 《孟子字義疏證》，卷上。

[100] 同上書，卷下。

然而他在中國哲學史的深長地位，從後起在不同時代的思想家所評價的，可想而知。南宋另一分支的大儒朱熹對張載的思想有著許多推崇備至的稱讚語。朱熹說：「橫渠所說，多有孔孟所未說底[101]。」又說：「入神是入至於微妙處。橫渠可謂精義入神[102]。」但是，上面已提過（頁 159–166），朱熹的哲學體系卻與張載的重點不同，尤其是後者的「氣論」是前者所不能贊同的。因而，朱熹批評說：「《正蒙》說道體處，如太和、太虛、虛空云者，止是說氣，說聚散處，其流乃是箇大輪迴……橫渠闢釋氏輪迴之說，然其說聚散屈伸處，其弊卻是大輪迴。蓋釋氏是箇箇各自輪迴，橫渠是一發和了，依舊一大輪迴[103]。」有趣的是，朱熹借用張載所強調的氣這個概念，作為闡述他自己的理氣，分別屬於形而上與形而下領城的二元論學說。

但張載哲學思想對於後代的影響，並不因程朱學派的興旺而完全埋沒。相反的，約六百年後，它在明末的大思想家王夫之的著作中再生了。在〈張子正蒙注序論〉，王夫之的開頭語是：「謂之『正蒙』者，養蒙以聖功之正也。聖功久矣大矣，而正之惟其始，蒙者知之始也[104]。」雖則王夫之對張載的思想加以積極的宣揚和發展，然而後者的所謂氣這中心概念，在前者的哲學體系上，卻是從「惟器」的觀點去發揮，和在上面所簡略討論的（頁 166–171）。

唐君毅 (1909–1978) 曾在一九五四年發表一篇關於〈張橫渠之心性論及其形上學之根據〉的論文。在這篇富有深刻思考的論文中，他對張載的評價說：「張橫渠之哲學境界，雖未必如（程）明道

---

[101] 《朱子語類》，卷 62。

[102] 同上書，卷 98。

[103] 同上書，卷 99。

[104] 《張載集・附錄》，頁 406。

（朱）晦菴（王）陽明之高，然而其用心則特細密而謹嚴。他對中國傳統思想中，最渾涵之名詞如天人、性命、神化、心性、虛氣及所謂窮神知化，盡性至命等，皆一一賦以確定不移之意義。此在宋明理家中，只朱子可以相比[105]。」在這篇論文中，唐君毅認為，張載在人和性論上所闡釋的觀點，對宋明理學有著重要的地位和價值。這的確是不可忽視的事實。

近三十多年來，大陸學者對於張載思想，具有強烈的興趣與研究，原因是它被認為是一種唯物主義的哲學。值得特別注意的，是張岱年在一九五五年所發表關於〈張橫渠的哲學〉這一篇較長的論文。他的結束語說：「張橫渠對於唯物論的卓越貢獻，是永遠不朽的[106]。」

上面所簡略提舉的例子，即這四位思想家在各不同的時代以及從不同的角度，去衡定張載的思想。雖則他們對於張載的見解各異，而非誰的解釋為正確或錯誤，有趣的是，他們都認為，張載的哲學思想在中國哲學史上具有其永久性的價值。所謂某種思想有其永久性價值，意思是，它有著某些超乎時間空間的局限的要素。那麼，現在的問題是，在張載的哲學體系，那些要素是有其永久性的價值，也就是說，有其現代的意義呢？對於這個問題的解答，可以從張載所闡述的宇宙論、倫理學、知識論這三方面看。

第一，從張載的宇宙論看。上面第三章已經提過，在中國哲學

[105] 見《東方文化》(*Journal of Oriental Studies*)，1954，第 1 期，頁 98。英文翻譯，見 Tang Chün-i, "Chang Tsai's Theory of Mind and Its Metaphysical Basis," *Philosophy East and West*, University of Hawaii Press, Vol. VI, No. 2 (July 1956), pp. 113–136.

[106] 《哲學研究》(1955 年，第 1 期)，頁 130。

史，他是第一位思想家強調探索客觀宇宙界的必要性，因為他的思想是直接針對佛家的主觀唯心論點而發揮的。為要檢證宇宙的實在性，他對於現象世界的強烈注意，可以說是前無古人的。處在一個缺乏科學知識的時代，他對於自然界的觀察，在某些方面頗合近代科學，如他所說的：「地純陰凝聚於中，天浮陽運旋於外[107]。」這句話含有天文學的地圓說的意思；又說：「聲者，形氣相軋而成[108]。」也近乎物理。

但最重要的，是張載的氣說所蘊含的現代意義。對於氣這個概念，後來學者曾給以不同的解釋。他所以強調氣為其宇宙論的中心概念，大概他認為，作為闡述他的宇宙實在論觀點，沒有任何比氣更加適合的名詞。在英語曾經對氣這個概念，有著不同的翻譯，如 ether, material, force, vital force, matter-energy 等。那種翻譯較為準確，應該根據每一思想家的用意而定。譬如說，朱熹的所謂氣，顯然地與張載的所謂氣不相同。因為朱熹的哲學系統，氣是屬於形而下的領域，即物質世界；那麼，用 material force 較為恰當。可是，據張載的見解，氣並不屬於形而上的領域，或屬於形而下的領域的區別，而是宇宙的實體，不斷地在聚散的變化歷程中。為此，最恰當的英語翻譯應該是 vital force，因它蘊含著一種瀰漫於宇宙間的活力的意義。

張載宇宙觀的現代意義，可以與西方二十世紀的兩位思想家相比，即法人柏格森 (1859–1941) 與英人懷德海 (1861–1947)。雖則這兩位現代哲人代表兩種不同的哲學學派，前者的哲學系統稱為生機主義 (Vitalism)，後者的哲學系統稱為有機主義 (Organism)；可是，

---

[107] 《張載集．正蒙．參兩》，頁 10。

[108] 《張載集．正蒙．動物》，頁 20。

他們分別的學派，是反映當代的文化潮流的兩種傾向，即自然科學的發展以及物力的變動性。因而，柏格森與懷德海都認為，在宇宙論上所謂實體 (reality) 是不斷地在變化的歷程中。他們的哲學思想所蘊含這共同點，而被稱為歷程哲學 (philosophy of process)；其中心思想是，哲學的任務是根據自然科學的變化原則，去尋求具有全面性的宇宙、倫理、知識、藝術，和宗教等問題的解說。

雖則張載與柏、懷這兩位西方的當代思想家，對於反映時代的思潮是在完全兩樣的情況下，然而他們在宇宙本體變動性的見解，卻很相似。那種變化移動性，就是張載所明確地說：

> 知虛空即氣，則有無、隱顯、神化、性命通一無二，顧聚散、出入、形不形，能推本所從來，則深於《易》者也。[109]

由此可見，張載對於宇宙界的強烈興趣和探索的心得，是具有其現代的意義。

第二，從張載的倫理學看。在宇宙論上的重看，張載是一位先鋒者；但在倫理道德論上，他是繼續先秦儒家的中心思想。因而，他在社會政治問題上，強調復古的三代治法制度，以忠、孝、仁、義等為社會倫理原則。但張載對於當時敏銳地看到，急待解決的社會問題是貧富不均的問題。為此，他極力提倡實行井田制度，認為：「聖人必以天下分之於人，則事無不治者……治天下不由井田，終無由均平[110]。」雖則他曾試圖把其理想實行，如在〈行狀〉中所記載的一段話說：「(張載) 與學者議古之法，共買田一方，畫為數井，

[109] 《張載集．正蒙．太和》，頁 8。

[110] 《張載集．經學理窟．周禮》，頁 248, 251。

上不失公家之賦役，退以其私正經界，分宅里，立斂法，廣儲蓄，興學校，成禮俗，教菑恤患，敦本抑末，足以推先王之遺法，明當今之可行。此皆有志未就[111]。」可是，他的理想終未實現。

但是，張載在倫理思想的貢獻，可以簡單提出三點。其一，他把傳統儒學的仁說普遍化了，即從家庭推廣到人類社會。這點在〈西銘〉中透徹地說明：

> 尊高年，所以長其長；慈孤弱，所以幼吾幼……凡天下疲癃殘疾、惸獨鰥寡，皆吾兄弟之顛連而無告者也。[112]

這是何等高尚的理想。恰是《論語》書中所謂「四海之內皆兄弟也」[113]的含意。在這點上，張載的倫理道德觀，可以與基督教在兩千年來所傳播愛人如己的社會福音相比。

其二，張載在政治社會思想上雖未建立一種創新的學說，然而他對於人民的福利與民意特別加以關注。他說：

> 利，於民則可謂利，利於身利於國皆非利也。利之言利，猶言美之為美。利誠難言，不可一概而言。[114]

上面已提過（第四章，頁143），張載認為，社會道德生活的實踐，必須以民意為重，即所謂天心，僅是眾人之心而已。也就是在《孟

---

[111] 《張載集．附錄．行狀》，頁384。

[112] 《張載集．正蒙．乾稱》，頁62。

[113] 《論語．顏淵》，12．5。

[114] 《張載集．性理拾遺》，頁375。

子》書中的名句：「民為貴，社稷次之，君為輕」[115]的用意。這種見解就是現代所謂民主主義的意義。張載所說的：「大抵眾所向者必是理也[116]。」他對於民意的重視，是人類在各時代所渴望的理想，也正是現代人依然在掙扎中的所謂民生、民主、民權的社會道德理想。

其三，據張載的倫理觀，道德是一種內在的自律，與外在的必然律大有區別。這種看法與康德的所謂兩律矛盾 (antimonies) 相似。意思是，自然人是遵循一種必然律，即受了多種因素，生理、心理、客觀環境等所限制，因而非自由人。可是，從道德行為方法說，人是具有意志自由的，即遵循內在自律道德 (autonomous morality) 的意思。就是張載所說的：「富貴之得不得，天也，至於道德，則在己求之而無不得者也[117]。」有趣的是，二十世紀的西方哲學具有相當影響力的存在主義 (Existentialism)，對於這個在哲學史上所爭論的意志自由的問題，給了一種新穎的解答。據存在主義的學說，人有意志自由是毫無疑問的，理由是，簡單地說，人在日常生活是不斷地在抉擇他的行為，因為一個人就是對他的行為不作任何抉擇，這夠證明他有不作抉擇的自由意志了。那麼，這種意志自由是蘊含著不可擺脫的道德責任。張載對於這種說法會加以賞識的。

第三，從張載的知識論看。在知識論上的兩種區別，即見聞之知與德性之知，張載有其獨特的見解。他繼承中國傳統思想，認為知識不是以知識本身為目的，而是以道德生活為目的。雖則在一方面，他重視見聞之知的必要性，但在另一方面，他強烈地主張，見聞之知是為著成聖成德的。因而，德性之知不僅僅是人所能夠追求

[115] 《孟子．盡心下》，VII 下 14。

[116] 《張載集．經學理窟．詩書》，頁 257。

[117] 《張載集．經學理窟．學大原上》，頁 280。

得到的，並是知識的最高層次。在這點上，張載的知識論被認為有了偏重於復古的短處，因而是客觀宇宙科學研究的障礙。但是，張載知識論的現代意義，可以從兩方面看。其一，上面剛提過，張載與康德都認為，現象界與道德界分別是屬於必然律和自律的兩個領域。可是他們在知識的範圍上卻有不同的見解。據康德的主張，知識只是限制於現象世界，即現象世界是可知的；道德是屬於不可知的境界，只能從信仰和行為表彰而已。張載卻確信，現象世界和道德領域都是可知的，就是分別他所謂「見聞之知」與「德性之知」的含意。康德的不可知論觀點，以後由一批西方思想家，包括十九世紀的黑格爾，及二十世紀的柏格森與懷德海，各從不同的角度，加以批評。柏格森對於康德的不可知論是站在直覺主義的立場，也可以說是張載所主張的。

其二，張載強調以德性之知為知識的最高目標，因而有著所謂「尊德性」比「道問學」重要的意味之嫌。在中國哲學史，知識一向是以道德生活為目的。這種傳統思想，在一方面，雖是一短處，因而在哲學知識理論上，遠遠不及西方知識論的發展。然而，在另一方面，「知識為道德」的著重也可以說是一長處，因為中國思想在世界哲學的特殊貢獻，正是其在倫理道德的看重，這就是張載所強調的德性之知，作為人生的至善或理想。簡言之，張載認為，見聞之知和多見多聞是必要的，然而他明確地表示，人的見聞之知是為著人類的道德生活，用現代語說，是為著造福人群的。現時代科學知識，有著一躍千里的發展，對於宇宙之謎已有突破空前的知識。然而，當前人類社會所正視的問題，不是科學知識本身的問題，乃是如何把這種日新月異的科學知識人文化的問題。因而，西方世界雖在物質文明的成就，幾乎已登峰造極，可是它卻面臨一種所謂喪

失人性 (dehumanization) 的危機。歸根到底，目前人類界所正視的問題，沒有比倫理道德問題，即人與人之間的關係問題，更加複雜，更加難於解決的問題。張載的理想：「為天地立心，為生民立命，為往聖繼絕學，為萬世開太平」，似乎是難以實行的「烏托邦」，卻值得現代儒學學者，據現時代的需要，創新地加以發揮。

牟宗三對於北宋理學開山的四大思想家曾概括地評價說：「大體明道（程顥）成熟甚早，見理也透澈而圓明，……橫渠謙懷，不恥下問，其成熟自較晚，然確有其自得自悟，自鑄偉辭者……伊川（程頤）並不透澈圓明……對於道體之體悟，濂溪（周敦頤）、橫渠、明道猶相近，猶不失先秦之古義[118]。」又說：「橫渠之生命確有其原始性，有其浩瀚之元氣，是帶點第昂尼秀斯 (Dionysian) 的理想主義之情調，惜不甚圓熟而已，清澈圓熟了，即是明道……伊川與朱子俱帶阿波羅型 (Apollonian)，都重理性的分析，具實在論的心態，此非真正的理想主義[119]。」無疑的，張載在其生活與著作中，充分地表現他是一位理想主義者。但他不是一空談的思想家，而是站在自己的崗位上，實踐他所確信為一個道德人應盡的義務。他的「浩瀚之元氣」，獨立創造的思想，深刻的思考力，確然地可以與西方的大哲人笛卡兒 (1596–1650) 和斯賓諾莎 (1632–1677) 相比擬。

---

[118] 《心體與性體》，冊 1，頁 431–432。

[119] 同上註。

# 英文摘要

## (A Summary in English)

Chang Tsai (1020–1077), one of the pioneers of Neo-Confucianism, devoted himself to a double philosophical task: negatively speaking, to criticize the nihilism of Buddhist metaphysics and ethics on the one hand, and, positively speaking, to revive the realism of early Confucianism on the other. In so doing, throughout his writings he carefully and ably argues that the Buddhist philosophical view, being ontologically-cosmologically unsound, results in a destructive effect on personal and social morality, and that only through the rebirth of the Confucian way of thinking can the needs of the day be met. In chapter I, a brief historical background is presented to show how Chang Tsai's thinking is based on the Confucian tradition and yet is creative in that he adds his own ideas to it.

This monograph deals with three major perennial philosophical issues, namely, cosmology, ethics, and epistemology, on each of which Chang Tsai has much to say. On cosmology as discussed in chapter II, Chang Tsai's key notion is *ch'i*（氣）, which seems more appropriately to be translated as vital force rather than as material force or matter-energy, in that he clearly explains what he means by it. The *ch'i* or vital force is something forever in the process of changing; its perpetual change follows a definite pattern of activity according to the two principles, the *yin*（陰）and the *yang*（陽）; the change of anything from visibility to invisibility, or from condensation to dispersion, does not imply the idea of quantitative destruction of the thing in question; its changeability, but indestructibility, connotes that nothing in the entire universe is the repetition of something else; its perpetual motion is self-caused, not caused by any outside force; and, most importantly, the *ch'i* or vital force is synonymous with the so-called *t'ai-hsü*（太虛）or great void.

Although the term *t'ai-hsü* is definitely of Taoist origin and also is often used in Buddhist texts, what Chang Tsai means by it is quite different from that of the Taoists and the Buddhists. In fact, his criticisms of them are primarily based on the metaphysical implications of the term void or non-being, as interpreted by each. Chang Tsai's main point of contention with the Taoist conception of the void or *wu*（無） is that the latter is mistaken by its presupposition of *wu* or non-being as the source of *yu*（有）or being, i. e., *wu* for the Taoists is prior to and the origin of *yu*. But Chang Tsai argues that since the *t'ai-hsü* is synonymous with the *ch'i*, it logically follows that *wu* is neither prior to nor the origin of *yu*, but is equal to *yu* in essence, and different from *yu* only in the processes of change. That is to say, the identity of great void and vital force is applicable not only to the realm of invisibility in the state of dispersion, but also to the realm of visibility in the state of condensation. The *wu* and *yu* as categorically differentiated in the Taoist sense are resolved by Chang Tsai's identification of *ch'i* with *t'ai-hsü*.

In opposition to the Buddhist doctrine of *kung*（空）or *śūnyatā* or nothingness, which connotes the idea that all things in the phenomenal world are negated as illusion, non-existence, unreality, or emptiness, Chang Tsai again attempts to employ his key philosophical concepts of *ch'i* and *t'ai-hsü*, which are identified by him, to "prove" the independent existence of the objective universe. His main argument against the Buddhist world outlook is that, if *ch'i* is regarded as the basic substance in the world of physical objects and therefore as *yu* itself, then it is empirically evident that *yu* cannot end up as *kung* or non-existence, as conceived by the Buddhists, but it only looks as if it were nothing in the state of dispersion. In short, metaphysically-cosmologically, Chang Tsai takes a realistic position in that he presupposes the independent existence of the phenomenal world.

Ethically, as expounded in chapter III, Chang Tsai follows closely the Confucian tradition that man being in the world plays a significant role in it. His main criticism of Buddhist moral philosophy is that its other-worldliness is overwhelmingly antisocial. Therefore, he goes back to the Confucian past to reaffirm that the life of man is worth living and ought to be lived to the fullest extent, instead of denying it as taught by the Buddhists. And in doing so, he re-emphasizes such traditional moral virtues as *jen*（仁）or humanheartedness, *yi*（義）or righteousness, *li*（禮）or propriety, *chih*（智）or wisdom, *hsiao*（孝）or filial piety, to develop his own moral point of view.

Although he accepts the theory of Mencius （孟子 327?–289? B. C.） that man is by nature good and a moral being, Chang Tsai goes further to provide an answer to the persistent moral problem of the source of evil. It is he who, in relation to his favorite concept of *ch'i*, initiates the expression of *ch'i-chih chih hsing*（氣質之性）or physical nature as the origin of moral evil, for which man is responsible due to his own doing of what is contrary to the nature of Heaven or *t'ien-ti chih hsing*（天地之性）.

Being realistic in his outlook on life, Chang Tsai severely criticizes not only the Buddhist attempt to escape from life, but also the religious Taoist futile search for the immortality of man's physical life, which is afterall like everything else in the world of nature subject to the law of change. The highest good of man, according to Chang Tsai as expressed in his famous saying, is "to manifest the purpose of heaven and earth, to establish the Way for living men, to perpetuate the forgotten teachings of the ancient sages, and to found a lasting peace for the ten thousand generations to come."❶

In brief, Chang Tsai is ethically a humanistic idealist-humanistic in the sense that to seek after a good life individually and collectively here in this world is man's ultimate concern, and idealistic in that the salvation of man and society rests on human efforts in accord with the heavenly principles.

In chapter IV, Chang Tsai's epistemology is interpreted as closely related to his moral philosophy, in which *hsin*（心）or mind is a key notion. He defines *hsin* as "that which unites the nature（*hsing* 性）and the feeling（*ch'ing* 情）."❷ His primary interest in *hsin* is to give a reflective examination of its axiological implications in terms of

❶ *Chang Tsai chi*（張載集）, p. 376.

❷ *Ibid*., p. 374.

cultivating and developing it for the sake of morality.

The two levels of knowledge, according to Chang Tsai, are perceptual knowledge（*chien-wen chih chih* 見聞之知）and knowledge of virtuous nature （*te-hsing chih chih* 德性之知）—the former deals with the world of physical objects while the latter is concerned with the world of morality. Chang Tsai repeatedly emphasizes the necessity of acquiring perceptual knowledge of the physical world, i. e., the world of ISNESS. But knowledge of virtuous nature belongs to a different world, i. e., the world of OUGHTNESS, and in order to reach the higher realm of moral knowledge, the knower must go beyond perceptual knowledge by means of intuition which can neither be empirically verified nor rationally justified. Therefore, epistemologically, Chang Tsai is an intuitionist in that the ultimate reality or goodness is, according to him, knowable to man in light of intuitive knowledge, independent of and beyond sense perception.

Despite the fact that after Chang Tsai's death, there was no outstanding philosophical heir, his influences throughout the following centuries cannot be overestimated, as indicated in chapter V. It is interesting to note that his place in the history of Chinese philosophy is ranked by the seventeenth century thinker, his great admirer, Wang Fu-chih （王夫之 1619–1692） as second only to Mencius and that in the past several decades his philosophical thinking has been appealing to many scholars, in China and elsewhere, obviously because of his profound insight into those perennial philosophical issues having contemporary relevance.

# 主要參考書目

## 中文：

⑴《張載集》北京中華書局，1978。

⑵《張子全集》，收入《國學基本叢書》，上海商務印書館，1931。

⑶《張橫渠集》上海商務印書館，1936。

⑷《近思錄》朱熹與呂祖謙編，收入《叢書集成簡編》。

⑸《伊洛淵源錄》朱熹編，文海出版社，卷六，〈橫渠先生〉。

⑹《正蒙初義》王植著，收入《四庫全書》(乾隆乾本)。

⑺《張子正蒙注》王夫之著，北京中華書局，1975。

⑻《宋元學案》黃宗羲著，收入《國學基本叢書》，商務印書館，1934–1936。卷十七，〈橫渠學案〉。

⑼《心體與性體》 牟宗三著，臺灣正中書局，1968。第一冊，第二章，頁417–570。

⑽〈張橫渠之心性論及其形上學之根據〉唐君毅著，收入《東方文化》1954，第一卷第一期，頁 98–110。

⑾〈張橫渠的哲學〉 張岱年著，收入《哲學研究》。1955，第一期，頁 110–130。

⑿《中國哲學史》馮友蘭著，商務印書館，1930。初版，第二冊，第十二章，頁 852–867。

⒀《中國哲學史》 任繼愈著，人民出版社，1964。初版，第三冊，頁 197–216。

⒁《中國思想通史》 侯外廬主編，人民出版社，1959。第四卷，上冊，頁545–594。

⒂《張載的哲學思想》姜國柱著，遼寧人民出版社，1982。

⒃《兩宋思想述評》 陳鐘凡著，商務印書館，1933。初版，第七章，頁 60–73。

⒄《張載關學導論》陳俊民著，陝西師範大學，1985。

日文：

(18)《正蒙》山根三芳著，東京明德出版社，1970。

法文：

(19) C. de Harlez, *Le Si-Ming, Traite philosophique de Tchangtze*, avec un double commentaire, traduit pour la premiere fois (VIII Congress International des Orientalistes, 1889), pp. 35–52.

德文：

(20) Werner Eichhorn, "Die Westinschrift des Chang Tsai, ein Beitrag zur Geistesgeschichte der Nördlichen Sung", (*Abhandlungen für die Kunde des Margenlandes 22*, No. 7 1937), pp. 1–93.

英文：

(21) Anne D. Birdwhistell, "The Concept of Experiential Knowledge in the Thought of Chang Tsai," *Philosophy East and West*, Vol. 35, No. 1 (January 1985), pp. 39–60.

(22) Wing-tsit Chan (translation with notes), *Reflections on Things at Hand*—The Neo-Confucian Anthology, compiled by Chu Hsi and Lu Tsu-ch'ien (New York: Columbia University Press, 1967).

(23) Wing-tsit Chan (translation and compilation), *A Source Book in Chinese Philosophy* (New Jersey: Princeton University Press, 1963), pp. 495–517.

(24) Siu-chi Huang, "Chang Tsai's Concept of *Ch'i*, " *Philosophy East and West*, Vol. 18, No. 4 (October 1968), pp. 247–260.

(25) Siu-chi Huang, "The Moral Point of View of Chang Tsai," *Philosophy East and West*, Vol. 21, No. 2 (April 1971), pp. 141–156.

(26) P. C. Hsu, *Ethical Realism in Neo-Confucian Thought* (Beiping, 1933).

(27) Ira E. Kasoff, *The Thought of Chang Tsai* (London: Cambridge University Press, 1984).

(28) Tang Chün-i, "Chang Tsai's Theory of Mind and Its Metaphysical Basis," *Philosophy East and West*, Vol. 6, No. 2 (July 1956), pp. 113–136.

**附註：**

這參考書目僅列入張載的著作，及有關張載哲學思想的中外主要書目，論文和譯文。其他引用材料，見在這部書中的註文。

# 年表

**宋真宗天禧四年（西元 1020 年）**

出生在大梁（今河南開封）。

小時在涪州（今四川涪陵），即父親張迪任職處，就學外傅，「少孤自立，無所不學」。父親在涪州病卒（生死年不詳），張載與其弟張戩年尚幼，跟著母親遷居鳳翔縣橫渠鎮（今陝西郿縣）。

**宋仁宗慶曆元年（西元 1041 年）**

年二十一，上書給范仲淹 (989–1052)，討論武裝邊防西夏侵略事。范氏看重其才能，警之說：「儒者自有名教可樂，何事於兵！」並勸導讀《中庸》，因而，放棄從軍初意，開始苦心研究學問，先是《中庸》，繼即釋老經典，最後反求之《六經》。

**宋仁宗嘉祐（西元 1056–1063 年）初**

年三十六，在開封講學《易經》，聽從者甚多。在這期間（為期不詳），約西元 1057 年，與兩表侄二程兄弟（程顥，1032–1085；程頤，1033–1107）謀面討論《易經》，渙然自信說：「吾道自足，何事旁求！」

**宋仁宗嘉祐二年（西元 1057 年）**

年三十七，考上進士最高學位。

**宋仁宗嘉祐二或三年（約西元 1057/1058 年）**

約三十七、八歲，被任祁州（今河南安國縣）當司法參官。以後又任雲巖（今陝西宜川縣）縣令。

**宋英宗治平三年（西元 1067 年）**

四十七歲，被委任渭州（今甘肅平涼縣）著作佐郎簽書渭州軍事判官公事。

在這段約十二年之間 (1057–1069)，在政務和民間社會問題，都有顯著的貢獻。

**宋神宗熙寧二年（西元 1069 年）**

年四十九，由呂公著 (1018–1089) 推薦，奉召往開封任崇文院校書。因與在朝廷推行新政的王安石 (1021–1086) 意見不合，王安石借用處理明州（今浙江慶元）獄案，張載被調出朝廷。任務完成後返朝，但因其弟張戩公開反對新政，得罪王安石，張載辭職，結束在朝廷短期任務，回返橫渠。路經洛陽與二程重逢。

**宋神宗熙寧三年（西元 1070/1071 年）**

年五十，在橫渠鎮退休期間，專心治學。在熙寧九年（1076 年）秋，年五十六，完成其傑作《正蒙》，告其門人說：「此書予歷年致思之所得，其言殆於前聖合與！大要發端示人而已，其觸類廣之，則吾將有待於學者。正如老木之株，枝別固多，所少者潤澤華葉爾❶。」

**宋神宗熙寧九年（西元 1076 年）**

年五十六，由呂大防 (1027–1097) 推薦回開封，再次入朝任同知太常禮院職。因和朝廷禮官意見相左，並身體有病，即辭職回長安。

**宋神宗熙寧十年（西元 1077 年）冬**

年五十七，回途在洛陽停留與二程兄弟見面，但病情已重。據〈行狀〉所記，他走到臨潼，「中道疾甚，沐浴更衣而寢，旦而卒❷。」時是熙寧十年，乙亥十一月二十八日（1077 年，12 月 16 日），終年五十七歲。

**宋寧宗嘉定十三年（西元 1220 年）**

賜謚曰「明公」，淳祐元年（1241 年）從祀孔子廟庭，封「郿伯」。

---

❶ 《張載集・附錄・行狀》，頁 384。

❷ 同上書，頁 386。

# 索　引

## 二　畫



## 三　畫



## 四　畫

## 五　畫



## 六　畫



## 七　畫



## 八　畫

## 九 畫



## 十 畫



## 十一畫

## 十二畫



## 十三畫

## 十四畫



## 十五畫



## 十六畫



## 十七畫



## 十八畫



## 十九畫



## 二十畫



## 二十一畫

## 朱熹

陳榮捷　著

朱熹認為，不管舊有的知識，或者新的學問，只要經過辨析、探究，就能使思考更加精密深遠，並讓真理更加明朗。

全書分四大部分。一為朱子之思想，包括太極、理、氣、天、格物與修養。二為朱子之活動，如其授徒、著述與行政。三為友輩之交遊，其與張南軒、呂東萊、陸象山和陳亮往來，各占一章。四為朱子之道統觀念，朱學後繼，與韓日歐美之朱子學。

## 海德格

項退結　著

海德格是二十世紀最重要的哲學家，其《存有與時間》與之後的等等著作，深刻影響了往後的哲學發展，如存在主義、詮釋學等等理論無一不受他的影響；他的哲學見解也啟發了如漢娜鄂蘭、沙特等知名哲學家。

本書作者項退結教授致力研究海德格並開設「海德格」相關課程長達數十年，多年來的教學相長，以及對海德格原著之不斷鑽研，成就了本書的經典地位，是認識海德格的最佳中文著作。

國家圖書館出版品預行編目資料

張載／黃秀璣著.——三版一刷.——臺北市：東大，2023
面；　公分.——（世界哲學家叢書）

ISBN 978-957-19-3340-5（平裝）
1. (宋)張載 2. 學術思想 3. 宋元哲學

125.14　　111018402

世界哲學家叢書

# 張載

| | |
|---|---|
| 作　　者 | 黃秀璣 |
| 發 行 人 | 劉仲傑 |
| 出 版 者 | 東大圖書股份有限公司 |
| 地　　址 | 臺北市復興北路 386 號 (復北門市)<br>臺北市重慶南路一段 61 號 (重南門市) |
| 電　　話 | (02)25006600 |
| 網　　址 | 三民網路書店 https://www.sanmin.com.tw |
| 出版日期 | 初版一刷 1987 年 9 月<br>二版一刷 2007 年 6 月<br>三版一刷 2023 年 1 月 |
| 書籍編號 | E120360 |
| I S B N | 978-957-19-3340-5 |